EL
Vidente

EL
Vidente

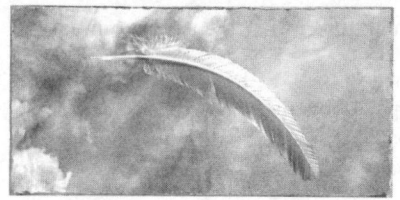

JIM W. GOLL

El vidente
Jim W. Goll

Publicado por:
Editorial Peniel
Boedo 25
Buenos Aires C1206AAA - Argentina
Tel. (54-11) 4981-6034 / 6178
e-mail: info@peniel.com

www.editorialpeniel.com

Diseño de cubierta e interior: arte@peniel.com

Originally published in the USA by
Destiny Image, Shippensburg, PA
under the title: *The seer*
Nashville, Tn 37214-1000
Copyright © 2004 by Jim Goll
Franklin, TN USA

A menos que se indique otra cosa, todas las citas son tomadas de la Versión Reina Valera Revisión 1960. Las otras versiones utilizadas son NVI (Nueva Versión Internacional), LBLA (La Biblia de las Américas), RV 1909 (Reina Valera Revisión 1909).

Ninguna parte de esta publicación puede ser reproducida en ninguna forma sin el permiso por escrito de Editorial Peniel

Impreso en Colombia
Printed in Colombia

Goll, Jim.
El vidente. – 1a ed. – Buenos Aires : Peniel, 2005
Traducido por: María José Hoff.
ISBN 987-557-066-4
1. Vida Cristiana. I. Hoff, María José, trad. II. Título CDD 248
208 p. ; 21x14 cm.

Dedicatoria

Con un corazón agradecido deseo reconocer el esfuerzo de los excelentes equipos de trabajo de Destiny Image, Encounters Network (anteriormente llamado Ministry to the Nations), la fuerza intercesora de nuestro escudo de oración y el apoyo de mi querida familia. Bendición sobre bendición sean sobre todos ustedes.

Habiéndome movido dentro y fuera de varios círculos del movimiento profético durante los pasados treinta años, tuve la oportunidad de experimentar y participar en una amplia gama de expresiones proféticas. Estoy agradecido al Señor por esta exposición tan diversa, y confío que el lector se beneficiará de esos años de preparación que están comprimidos en las páginas de este libro.

Con un corazón que honra a quienes merecen honra, deseo dedicar este libro a tres padres que han impactado mi vida inmensamente. Cada uno de ellos son videntes únicos en esta era del cristianismo: John Sandford, Bob Jones y Paul Cain. ¡Gracias, Señor, por estos videntes paternales que fueron pioneros en el camino para que la próxima generación de águilas se eleve y vuele!

Jim (James) W. Goll
Encounters Network
Franklin, TN

Recomendaciones

Jim Goll ha bendecido al Cuerpo de Cristo con una comprensión mayor de la voz profética del Señor. Ha brindado mucha de la perspectiva bíblica y experiencia personal que ha ayudado a entender el ministerio único del profeta y vidente. En este libro se dan pautas y principios muy valiosos con respecto a cómo discernir una verdadera palabra del Señor y cómo ministrar esa palabra adecuadamente. Esta obra será un recurso muy preciado para aquellos que desean ser usados en el ministerio profético.

Dr. Hill Hamon
Presidente y fundador, Christian International
Autor de *Apóstoles, profetas y el próximo mover de Dios*.

El libro de James Goll, *El Vidente*, es óptimo. Pocos pueden hacer o escribir cosas como él. Mezcla una rara combinación entre académico e inspirador. Es fascinante para mí el que, a pesar de operar proféticamente, han sido los videntes en mi vida, enviados por Dios, quienes me han dado la dirección y revelación más significativa para el ministerio The Elijah List (La lista de Elías), y me han puesto en contacto con los planes de Dios para mi vida.

Steve Shultz, The Elijah List
www.elijahlist.com

La obra *El Vidente* es una herramienta excelente para educar a la Iglesia en el don de ver con anticipación, y de enorme importancia en la vida del pueblo de Dios. Los principios que se enseñan en este libro corrigen las concepciones erróneas acerca de "ver" y preparan al lector para experimentar los asombrosos beneficios de este ministerio. Recomiendo altamente *El Vidente* a aquellos que desean saber "lo que ha de venir".

Dr. Kingley A. Fletcher
Orador internacional, asesor del gobierno, autor y pastor
Research Triangle Park, NC

Para todos aquellos videntes que se han preguntado si alguien los comprendía, este libro es para ustedes. Jim Goll ha abierto clara y escrituralmente un camino para que el don de vidente sea usado en el Cuerpo de Cristo. ¡Un libro fascinante! ¡Les encantará!

Cindy Jacobs
Generales de Intercesión

Navegar por las aguas de lo desconocido puede ser tanto atractivo como desafiante, para los creyentes que buscan profundizar en los dones del Espíritu, particularmente aquellos relacionados con el don de vidente. Atractivo, porque ponerse en contacto con el poder y la presencia del Señor a través de las experiencias espirituales que forman parte del don, muchas veces nos inspira al asombro. Desafiante, porque es de crítica importancia que la Palabra de Dios y las disciplinas espirituales como la oración y la intimidad, continúen siendo la base sólida sobre la cual las experiencias de revelación son interpretadas.

Jim Goll ha presentado exitosamente un estudio comprensivo del don de profeta/vidente, nos habla tanto de la base bíblica como de la experiencia espiritual de su propia vida. Como en los anteriores libros de Jim, este también podría convertirse en un manual para aquellos que buscan la unción del vidente.

Jane Hansen
Presidenta, Aglow Internacional

Si todo lo que tiene es el Espíritu, podrá saltar, pero si tiene el Espíritu y la Palabra, usted podrá crecer. En ningún otro lado he encontrado cierto este refrán, más que en el libro de Jim Goll, *El Vidente*.

Jim une la revelación más increíble con la sabiduría, una mirada introspectiva incisiva con la discreción, una espiritualidad elevada con el equilibrio y la rendición de cuentas, nuevo conocimiento y revelación con experiencias espirituales emocionantes.

El Vidente es un bote para navegar por los rápidos del Espíritu, sorteando las rocas más peligrosas, hasta introducirnos en los mares profundos de la expresión profética que lleva frutos en el Señor. Habiendo sido pionero en el movimiento profético moderno, hace casi treinta años, con el libro *The Elijah Task* ("La tarea de Elías"), hallo en el libro de Jim, *El Vidente*, al sucesor más digno. Para mí es un honor recomendarles este libro. Es mi esperanza y mi oración que no solo lo lea, sino que lo viva al máximo para la gloria de nuestro Señor.

John Sandford
Co-fundador, Elijah House Internacional
Autor, The Elijah Task

Tabla de Contenidos

Prólogo..13

SECCIÓN UNO:
Comprendiendo la naturaleza del vidente
Capítulo 1: Vidente y profeta: dos corrientes proféticas...............19
Capítulo 2: Dimensiones de la unción profética........................33
Capítulo 3: Visión: el poder que sustenta...............................47
Capítulo 4: La diversidad de los estados visionarios..................59

SECCIÓN DOS:
Discernimiento espiritual
Capítulo 5: Juzgando la revelación sabiamente........................75
Capítulo 6: Discernimiento de espíritus..................................91

SECCIÓN TRES:
Sueños, visiones y otras manifestaciones celestiales
Capítulo 7: El lenguaje de los sueños...................................109
Capítulo 8: Niveles de visiones sobrenaturales.......................123
Capítulo 9: Las experiencias extáticas del Espíritu...................137

SECCIÓN CUATRO:
Intimidad: el objetivo de todas las cosas
Capítulo 10: Estando en el consejo de Dios............................155
Capítulo 11: Corrientes ocultas de lo profético.......................171
Capítulo 12: El rol de la intimidad en los cielos abiertos............183

Referencias..197

Prólogo

Vivimos en un tiempo en donde demasiados "eruditos" y aún los mismos creyentes han reducido la Palabra de Dios a una explicación puramente lógica y racional. Es verdad, la Palabra de Dios es tan razonable y lógica en su revelación como la mente humana: ¡suponiendo que esa mente esté rendida, sometida y en el proceso de ser transformada por el Espíritu Santo! La mente natural no es capaz en absoluto de recibir nada del Espíritu Santo. Las Escrituras fueron hechas por el aliento de Dios, y el aliento de Dios es el Espíritu de Dios. De hecho, el aliento de Dios fue experimentado por todos aquellos que trazaron los escritos sagrados. Para que eso ocurriera, los individuos que escribieron tuvieron la experiencia de ser movidos por el aliento, el viento y el Espíritu de Dios.

En el principio, el viento del aliento de Dios, el Espíritu mismo de Dios, se movía, oscilaba y vibraba sobre el caos, y traía el orden. El Espíritu de Dios manifiesta la presencia de Dios. No puede conocerse la presencia de Dios puramente por razonamiento humano. La presencia de Dios sólo puede ser conocida por experiencia personal, y esa experiencia es equivalente a la revelación. Sus ojos deben ser abiertos, su corazón se tiene que volver vibrante y vivaz, y sus oídos deben sintonizarse a un nivel superior a las octavas que el oído humano puede percibir. Jesús mismo cita al profeta Isaías en el evangelio de Marcos al explicar la parábola del sembrador, y dice que el problema con la condición humana en su estado caído es que el pecado ha afectado los ojos, los oídos y el corazón.

Las palabras exactas de Isaías son:

"Engruesa el corazón de este pueblo,
y agrava sus oídos,
y ciega sus ojos,
para que no vea con sus ojos,
ni oiga con sus oídos,
ni su corazón entienda (en realidad implica discernir),
ni se convierta, y haya para él sanidad"
(Isaías 6:10).

Cuando el Espíritu es soltado sobre y dentro de una persona, sus ojos, oídos y corazón son abiertos a un mundo que está más allá de su visión, audición, sentimientos y discernimiento limitados. Ese mundo es el real, aunque invisible. Es el mundo del cual todo lo visible deriva su existencia. Cuando una persona es sacada del dominio de la oscuridad e ignorancia, del dominio de la naturaleza caída, el dominio de los poderes de oscuridad, y trasladada al Reino del Hijo amado de Dios, el Espíritu revela a Jesucristo al corazón, a la mente y al alma hambrienta.

El testimonio de Jesús es el espíritu de la profecía. Hay un Hombre en la gloria. Él está poniendo en orden nuestras vidas nuevamente por su Espíritu, que mora en lo profundo de nosotros y nos abre mundos más allá de nuestra comprensión natural. Lo que nos hace distintivamente ser el pueblo de Dios, es que somos llamados a ser el pueblo del Espíritu. Inmersos en ese Espíritu, nuestra manera de hablar cambia porque nuestros ojos, oídos y corazones han sido abiertos para ver más allá de los límites naturales de nuestros ojos, al mundo que está delante de lo que ahora podemos ver.

En el Antiguo Pacto, la marca de un verdadero profeta era que había estado en el consejo y el secreto divino (Jeremías 23:18). En el Nuevo Pacto, el día de Pentecostés trajo a la Iglesia el consejo divino. Potencialmente, cada creyente tiene acceso a lo que existe ante el trono de Dios. La razón por la que digo "potencialmente", es porque muchos de los hijos de Dios fallan en rendirse a la experiencia del Espíritu Santo, y reducen todo a una explicación lógica. Aún son "enseñados" por los llamados "teólogos iluminados", para quienes ciertas experiencias no son válidas hoy porque supuestamente cesaron cuando murió el último de los apóstoles originales del primer siglo.

La teología liberal no es el único peligro que la Iglesia necesita evitar. La teología fundamental que quita la experiencia del Espíritu en su plenitud, es igualmente dañina para los santos de Dios. Más del 49 por ciento del libro que llamamos "La Biblia" es experiencia visionaria y profética... ¡aún en el Nuevo Testamento! ¿Cómo podemos esperar experimentar las verdades de casi la mitad de las Escrituras solo usando el razonamiento y la lógica? Es imposible.

La venida del Espíritu Santo en Pentecostés fue el comienzo para la Iglesia de un evento que se ha prolongado a través de los siglos. Necesitamos ser continuamente inmersos en el mundo del Espíritu si hemos de ver, oír, sentir y discernir las cosas que el Espíritu desea que sepamos y entendamos. Sin esa inmersión y experiencia directa, no podremos alcanzar nuestro destino, cumplir nuestro propósito ni tampoco conocer al Padre como Cristo intenta que lo conozcamos.

Jim Goll –una voz profética madura, inspiradora y poderosa a las naciones– lleva una larga trayectoria viendo, escuchando, discerniendo y hablando de las cosas que *"ojo no ha visto, ni oído ha oído, ni han subido a corazón de hombre"*. El Espíritu ha hallado en Jim Goll una vasija rendida que ama al Padre y tiene un corazón para el Padre. Su alcance se extiende a lo largo y a lo ancho, y su profundidad solo puede ser apreciada si llegamos a conocerlo tanto en su persona como en su ministerio.

Jim nos ha prestado un gran servicio al tomarse el tiempo para clarificar la naturaleza de lo que significa ver, oír y discernir por y en el Espíritu Santo. En estos últimos gloriosos días de visitación, Dios está levantando un pueblo que puede ser efectivo en traer las cosas del reino invisible al visible. Hay una gran cosecha que está teniendo lugar y va en aumento, no precisamente por causa del razonamiento y la lógica humana. La cosecha está siendo recogida porque el Espíritu se está moviendo nuevamente sobre el caos de las vidas de las personas, otorgándoles experiencias directas con Dios a través de su Hijo, el Señor Jesús.

Es imperativo que sepamos lo que significa ver, oír y discernir las cosas del mundo al cual verdaderamente pertenecemos. El mundo del Espíritu es un ámbito en donde Cristo es visto en toda su gloria, sentado sobre el trono en el mismo centro del universo, y ordenando todas las cosas por el consejo de su voluntad.

Paso a paso, Jim Goll le explicará cuidadosamente la naturaleza de la experiencia profética en cada nivel: desde lo que significa oír de Dios, hablar por Dios, experimentar y ver algo que se relaciona con la naturaleza de Dios y su propósito, y cómo discernir una experiencia genuina con Dios de experiencias falsas que son imitaciones del poder de las tinieblas. Su investigación es bíblica y exhaustiva, y su experiencia testifica de las verdades de la Palabra que él enseña y defiende. Tómese su tiempo al embarcarse en este estudio, porque este es más que un libro; de hecho es un estudio. Preparará el camino en su corazón y su vida para una experiencia real con el Espíritu Santo que le abrirá los ojos, los oídos, el corazón y hasta los cielos.

Gracias, Jim, al preocuparte por darnos a conocer el corazón del Padre al abrir tu propio corazón. Somos una generación que necesita oír lo que el Espíritu está diciendo, ¡y queremos agradecerte por ayudarnos a hacer justamente eso!

Mark J. Chironna, Ph.D.
The Master's Touch International Church
(Iglesia Internacional El Toque del Maestro) Orlando, FL

SECCIÓN UNO

Comprendiendo la naturaleza del vidente

Capítulo 1

Vidente y profeta: *dos corrientes proféticas*

El Nilo es realmente uno de los ríos más grandes del mundo. Incluyendo sus afluentes, es también el más largo, ya que corre más de 6.600 kilómetros desde su nacimiento en el corazón del continente africano hasta su desembocadura en Egipto, donde se vierte en el mar Mediterráneo. Por miles de años las aguas del Nilo han sostenido las vidas de aquellos que residen sobre sus riberas, que se desbordan. Pocos ríos han sido tan vitales para el levantamiento o la caída de una cultura y civilización, como lo ha sido el Nilo.

Sin embargo, el Nilo comienza en la forma de dos ríos, en vez de uno. El Nilo Blanco corre desde el lago Victoria, en Tanzania, y el Nilo Azul desde el lago Tana, en Etiopía. Estas dos corrientes de agua se unen en Jartum, en Sudán, para formar el Nilo egipcio, el cual fluye de sur a norte por más de 2.500 kilómetros en su paso hacia el mar Mediterráneo. Dos corrientes separadas se unen, cada una agrega su fuerza a la otra, para formar un río poderoso que nutre y sostiene la vida a lo largo de todo su curso.

En el plano espiritual, el fluir de lo profético desde el cielo a la Tierra se parece mucho al río Nilo. Así como el Nilo Blanco y el Nilo Azul se unen para crear el Nilo egipcio, dos corrientes de unción profética convergen para alimentar al mayor movimiento del río de Dios en la Tierra. Podemos denominar a estas dos corrientes: la corriente del *profeta* y la corriente del *vidente*.

Otra manera de verlo sería pensar en un gran río profético que fluye desde el trono de Dios, que se bifurca en dos corrientes poderosas –el *profeta* y el *vidente*–, las cuales le dan diferentes grados, dimensiones o facetas a la impartición profética. De todos modos, debe quedar en claro que ambas corrientes son importantes para la expresión plena de la palabra profética del Señor a su pueblo en nuestros días.

¿Cuál es la diferencia entre el profeta y el vidente? La distinción se volverá más clara, espero, en las páginas que siguen; pero por ahora digamos que *todos los verdaderos videntes son profetas, pero no todos los profetas son videntes.*

DEFINICIÓN DE PROFECÍA Y PROFETA

Para entender mejor esto, necesitamos definir algunos términos fundamentales. Actualmente muchos cristianos están confundidos acerca del rol profético y cómo opera. Pero ante todo, ¿qué queremos decir cuando nos referimos a la palabra *profecía*? Kenneth Hagin, uno de los padres del movimiento moderno de fe, afirmó:

"Profecía es una declaración sobrenatural en una lengua conocida. La palabra hebrea 'profetizar' significa 'fluir'. También lleva el pensamiento de 'bullir o manar como una fuente, dejar caer, levantar, brincar, y brotar'. La palabra griega que se traduce como 'profecía' significa 'hablar por otro'. Es decir, hablar por Dios o ser vocero de Dios."[1]

Según Dick Iverson, el anterior pastor principal de la Iglesia Bible Temple, en Portland, Oregon:

"El don de profecía es hablar bajo la influencia directa y sobrenatural del Espíritu Santo. Es convertirse en la boca de Dios para verbalizar sus palabras como el Espíritu dirige. La palabra griega *propheteia* significa 'declarar la mente y el consejo de Dios'. En el Nuevo Testamento esta palabra es inseparable del concepto de la inspiración directa del Espíritu Santo. La profecía es la misma voz de Cristo que habla en la iglesia."[2]

La frase anterior de Dick Iverson es una de las mejores definiciones de profecía que he escuchado: "¡Profecía es la misma voz de Cristo que habla en la iglesia!"

El conocido maestro internacional de La Biblia, Derek Prince, el padre espiritual que impactó mi vida más que ningún otro líder, definió profecía de la siguiente manera:

"El don de profecía es la habilidad impartida sobrenaturalmente de oír la voz del Espíritu Santo y hablar la mente y el consejo de Dios. La profecía ministra no solo al grupo de creyentes reunidos, sino también a individuos. Sus tres propósitos principales son:

Edificar= construir, fortalecer, hacer más efectivo.
Exhortar= estimular, animar, amonestar.
Consolar= alentar.

Vidente y profeta: dos corrientes proféticas

Por tanto, la profecía contrarresta los dos ataques principales de Satanás: la condenación y el desánimo."[3]

David Pytches, un respetado autor y ex obispo anglicano, dice:

"El don de profecía es la habilidad especial que Dios le da a los miembros del Cuerpo de Cristo para recibir y comunicar un mensaje inmediato de Dios a su pueblo reunido, a un grupo de ellos, o a cualquiera de ellos individualmente, a través de una declaración divinamente ungida."[4]

Personalmente, uno todos estos pensamientos diciendo que "profecía" son los pensamientos expresados de Dios, hablados en un lenguaje que ningún hombre en su elocuencia natural podría jamás articular por su cuenta. La sustancia y la naturaleza de la profecía exceden los límites de lo que la mente humana es capaz de pensar o imaginar. Su propósito es edificar, exhortar y consolar tanto a individuos como al Cuerpo de Cristo. Aunque la profecía viene *a través* de la boca o la pluma de un hombre, proviene *de* la mente de Dios.

Un profeta o una profetisa, entonces, es un vocero de Dios; uno que oye la voz del Espíritu Santo y habla o escribe los pensamientos y el consejo de Dios en una manera "divinamente ungida".

La palabra "profeta" aparece más de 300 veces en el Antiguo Testamento y más de 100 veces en el Nuevo Testamento. En el Antiguo, la palabra hebrea usada con más frecuencia para "profeta" es la palabra *nabiy'*. Aquí hay algunos ejemplos.

- Según lo que se dice en Génesis, Abraham era un profeta:
  Ahora, pues, devuelve la mujer a su marido [Abraham]; *porque es profeta* [nabiy'], *y orará por ti, y vivirás. Y si no la devolvieres, sabe que de cierto morirás tú, y todos los tuyos* (Génesis 20:7).

- Lo mismo se dice de Moisés:
  Y nunca más se levantó profeta [nabiy'] *en Israel como Moisés, a quien haya conocido Jehová cara a cara* (Deuteronomio 34:10).

- Como vocero de su hermano, Aarón también era un profeta:
  Jehová dijo a Moisés: Mira, yo te he constituido dios para Faraón, y tu hermano Aarón será tu profeta [nabiy'] (Éxodo 7:1).

- Dios llamó a Jeremías como profeta aún antes de nacer:
  Antes que te formase en el vientre te conocí, y antes que nacieses te santifiqué, te di por profeta [nabiy'] *a las naciones* (Jeremías 1:5).

- Malaquías habló de un profeta que aparecería en los últimos días: *He aquí, yo os envío el profeta* [nabiy'] *Elías, antes que venga el día de Jehová, grande y terrible* (Malaquías 4:5). De las palabras de Jesús en Mateo 11:14, sabemos que esta Escritura habla acerca de Juan el bautista.

- En un versículo que muchos creen que ser refiere a Jesús, el Mesías, Dios promete levantar otro profeta como sucesor espiritual de Moisés:
Profeta [nabiy'] *les levantaré de en medio de sus hermanos, como tú; y pondré mis palabras en su boca, y él les hablará todo lo que yo le mandare* (Deuteronomio 18:18).

La palabra *nabiy'* tiene que ver con oír y hablar, con ser vocero de Dios, declarando que todos han oído. Un profeta *nabiy'* es una persona que habla en representación de un superior. En el caso de Aarón este era Moisés y, finalmente, Dios. En el caso de cada profeta bíblico, de hecho, Dios era el superior por quien ellos hablaban. Sus palabras se originaban en Él. Él plantaba sus palabras en los corazones y bocas de ellos, y ellos a su vez las declaraban al pueblo. En síntesis, un *nabiy'* es uno que habla declarando la palabra que Dios le ha dado.

IMPARTIENDO LO PROFÉTICO

Dios imparte esta palabra profética de diferentes maneras. Toda profecía viene de Dios a través del Espíritu Santo, pero opera en formas distintas según la persona. El Antiguo Testamento usa varios términos hebreos diferentes para describir las diferentes clases de impartición.

Primero, está *nataf*, que significa "dejar gotear cual lluvia". Esto describe un proceso lento y delicado en donde la palabra profética viene sobre nosotros poco a poco, y se acumula en nuestro espíritu durante un tiempo. Es como estar parados en un lugar y sentir el rocío de Dios que desciende a nuestro alrededor y lentamente va permeando nuestro espíritu. Algunos lo describen como ser una esponja que gradualmente se empapa y absorbe las "gotas de lluvia" de la presencia profética del Señor, hasta que está llena y desborda.

La segunda palabra hebrea para la impartición profética es *massa*, que se refiere a la "mano del Señor" que libera "el peso del Señor". Cuando la mano de Dios viene sobre nosotros, Él nos imparte algo –un "peso" profético– y cuando se retira, ese peso permanece. El Señor deposita algo en nuestro espíritu que no estaba allí anteriormente, y aún después de levantar su mano, llevamos esa palabra como la carga de una comisión de su parte. Él coloca una "carga" o un "peso" por una situación en particular, y podemos llevarla por días, semanas, meses o aún años. Por ejemplo, puede ser una carga sobre la situación del aborto en Estados Unidos. La mano de Dios viene sobre nosotros y se va, dejando una capacitación sobrenatural de gracia, una dotación para profetizar e interceder en una forma en que nunca antes lo habíamos hecho. He tratado este tema en profundidad en mi libro *Kneeling on the Promises: Birthing God's Purposes through Profetic Intercesion* (*"Arrodillándose sobre las promesas: dando a luz los propósitos de Dios a través de la intercesión profética"*).

Otra palabra para la impartición profética es *nabiy'*, que ya hemos visto, y representa la acción de "fluir" o "brotar como una fuente". Este término describe perfectamente el don de profecía que vemos tan frecuentemente en las reuniones, especialmente en aquellas en donde hay muchos ancianos y líderes maduros y con dones que trabajan juntos como un equipo bien coordinado –"el presbiterio profético"– (1 Timoteo 4:14).

LA DIMENSIÓN DEL VIDENTE

Dentro del campo general del profeta existe un rasgo particular y distintivo, el vidente. Recuerde que dije que todos los verdaderos videntes son profetas, pero no todos los profetas son videntes. La palabra *vidente* describe una clase particular de profeta que recibe una clase particular de revelación o impartición.

El Antiguo Testamento usa mayormente dos palabras para referirse al vidente, *ra'ah* y *chozeh*. *Ra'ah* significa literalmente "ver", particularmente en el sentido de ver visiones. *Chozeh* significa literalmente "un observador en visión" y puede ser traducido también como "contemplador" u "observador de estrellas".

Habiendo ya definido estos términos, la diferenciación entre el profeta (*nabiy'*) y el vidente (*ra'ah* o *chozeh*) se torna un poco más clara. Cuando se trata de revelación profética, un profeta es primeramente un oidor inspirado y luego un portavoz, mientras que el vidente es principalmente un visualizador. En otras palabras, el profeta tiene una dimensión *comunicativa* y el vidente, una dimensión *receptiva*. Mientras que *nabiy'* enfatiza la palabra activa del profeta en hablar un mensaje de Dios, *ra'ah* y *chozeh* se concentran en la experiencia o el medio a través del cual el profeta "ve o percibe" ese mensaje. La primera pone énfasis en la relación del profeta con el pueblo; la segunda, en la relación del profeta con Dios.

Aparentemente, los videntes eran comúnmente empleados en la corte real como consejeros del rey. Asaf y Gad eran videntes de la corte del rey David:

El vidente

Entonces el rey Ezequías y los príncipes dijeron a los levitas que alabasen a Jehová con las palabras de David y de Asaf vidente; y ellos alabaron con gran alegría, y se inclinaron y adoraron (2 Crónicas 29:30).

Y por la mañana, cuando David se hubo levantado, vino palabra de Jehová al profeta Gad, vidente de David, diciendo: Ve y di a David: Así ha dicho Jehová: Tres cosas te ofrezco; tú escogerás una de ellas, para que yo la haga (2 Samuel 24:11-12).

En contraste, Natán también servía al rey David, pero La Biblia lo llama a él profeta:

Dijo el rey al profeta Natán: Mira ahora, yo habito en casa de cedro, y el arca de Dios está entre cortinas. Y Natán dijo al rey: Anda, y haz todo lo que está en tu corazón, porque Jehová está contigo. Aconteció aquella noche, que vino palabra de Jehová a Natán, diciendo: Ve y di a mi siervo David: Así ha dicho Jehová: ¿Tú me has de edificar casa en que yo more? (2 Samuel 7:2-5).

Asaf y Gad eran videntes, pero Natán era profeta. Note, además, que 2 Samuel 24:11 se refiere a Gad como ambas cosas, profeta y vidente. Un versículo interesante que contiene las tres palabras hebreas es 1 Crónicas 29:29:

Y los hechos del rey David, primeros y postreros, están escritos en el libro de las crónicas de Samuel vidente [ra'ah], en las crónicas del profeta [nabiy'] Natán, y en las crónicas de Gad vidente [chozeh].

Otro texto bíblico revela claramente la influencia de los profetas y los videntes en el antiguo Israel, y su posición como voceros de Dios:

[Ezequías] Puso también levitas en la casa de Jehová con címbalos, salterios y arpas, conforme al mandamiento de David, de Gad vidente [chozeh] del rey, y del profeta [nabiy'] Natán, porque aquel mandamiento procedía de Jehová por medio de sus profetas (2 Crónicas 29:25).

Las palabras *nabiy'*, *ra'ah* y *chozeh* son expresiones legítimas de la corriente profética de Dios. En lo que al don profético concierne, profetas y videntes son igualmente válidos. 1 Samuel 9:9 dice:

Antiguamente en Israel cualquiera que iba a consultar a Dios, decía así: Venid y vamos al vidente [ra'ah]; porque al que hoy se llama profeta [nabiy'], entonces se le llamaba vidente [ra'ah].

Vidente y profeta: dos corrientes proféticas

Los verdaderos videntes son profetas, pero no todos los profetas son videntes. Un profeta puede tener un don particular para oír y proclamar la palabra del Señor, y no necesariamente funcionar tan profusamente en la capacidad de revelación visionaria como lo hace el vidente. Este último, por otra parte, puede moverse notablemente en esta habilidad de sueños y visiones, y aún así no ser tan profundo en los dones de oír y hablar. No obstante, ambos se mueven y operan en el campo profético, pero en diferentes capacidades y dimensiones.

La dimensión del vidente describe otro aspecto en que la operación profética ocurre. Hablando en términos generales, los videntes son personas que ven visiones de una manera consistente y regular. La mayor parte del tiempo su unción profética es más *visual* que *auditiva*. En vez de recibir palabras que puedan repetir o con las que puedan "fluir", frecuentemente ven imágenes que describir. Estas imágenes pueden venir en forma de visiones estando despiertos, o sueños mientras duermen.

Conozco muchos profetas *nabiy'* que no son videntes para nada y que no se mueven en el plano de los sueños. Sin embargo, son fuertes vasos proféticos. A la vez, conozco personas que son profundamente dotadas en el don de "ver": ven ángeles, demonios, luces y colores, sueños y visiones. Sin embargo, no se manifiestan demasiado en la capacidad inspiracional para animar al pueblo espontánea y verbalmente.

Una de las diferencias es que mientras que la palabra profética de un *nabiy'* es espontánea y con frecuencia activada por la fe, la de un vidente *ra'ah* o *chozeh* es más dependiente de la presencia manifiesta de Dios. Muchos videntes ven algo de antemano. Por ejemplo, antes de ir a una reunión o una cita estratégica, un vidente puede recibir un cuadro de cierta persona en la reunión, sentada en cierto lugar y vestida de cierto color. El vidente puede aún ver el nombre de la persona. Luego, en la reunión, el vidente comenzará a examinar a la multitud en busca de esa persona en particular. Si esa persona está allí, esto se vuelve una "luz verde" para que el vidente avance. Ver en lo natural lo que ya ha visto en lo espiritual, activa su fe y produce nuevo valor dentro de él.

Esta clase de unción profética tiene mucho que ver con esperar quietamente en Dios. Paul Cain, un vidente altamente ungido y sensible de nuestros días, ha enfatizado lo difícil que es esperar en Dios. Hay momentos, dice, en que espera en Dios durante todo el día, solo para que Él venga en el último minuto. Con mucha frecuencia la impartición en el plano del vidente viene luego de un tiempo de espera paciente y meditación contemplativa en el Señor. ¡Pero, gracias a Dios, si esperamos, Él vendrá!

CORRIENTES PROFÉTICAS MÁS RECIENTES

Hoy somos testigos de la reaparición de dos corrientes proféticas distintas que surgieron hace 50 años : la corriente del vidente o visual y la del profeta o verbal. Si hablamos de padres espirituales, Paul Cain quizás representa mejor la primera, mientras que Bill Hamon ejemplifica mejor la segunda. El Dr. Hamon, fundador y director de Christian International en Florida, describió a mediados del siglo XX el surgimiento de esas dos corrientes proféticas que han reaparecido en años recientes:

> Dos corrientes de restauración surgieron entre 1947 y 1948. Una fue "El Movimiento de la Lluvia Tardía", el cual restauró la práctica de (...) la imposición de manos (...) así como también la profecía congregacional (...) Ellos enfatizaron el moverse en el ámbito profético por fe, gracia y dones.
> La otra corriente de restauración fue llamada "El Movimiento de Sanidad y Liberación". Su énfasis estaba en la imposición de manos para sanidad, liberación y evangelismo mundial a través de la predicación con señales y milagros. Ambos grupos eran de Dios y ambos eran ministerios válidos.[5]

Una de las figuras paternales del Movimiento de la Lluvia Tardía fue un hombre llamado David Shoch, mientras que William Branham fue un líder ungido del Movimiento de Sanidad y Liberación. Uno era un profeta *nabiy'*, mientras que el otro era un vidente *chozeh*. Cada movimiento tenía diferentes operaciones y manifestaciones.

Estas corrientes paralelas aparecieron a mediados de los años '40 y comenzaron a desvanecerse a principios de los '50, pero ambos resurgieron en los últimos 20 años o más. De hecho, la expresión actual del movimiento profético moderno en Norteamérica apareció en los años '80 en múltiples localidades, aunque distintivamente en la reciente Kansas City Fellowship (primero, Metro Vineyard Fellowship y luego, Metro Christian Fellowship, en Kansas City, Missouri), y por el entonces pastor principal Mike Bickle, junto a profetas como Bob Jones, John Paul Jackson, Paul Cain, y otros. Por ese tiempo, junto a otros profetas, yo era reconocido como uno de los "Profetas de Kansas City".

Había tres convicciones principales en las que se centraba este nuevo énfasis en la profecía: "que el don profético debe ser restaurado en la Iglesia, que la profecía es una manera natural y bíblica de Dios para hablar a su pueblo, y que (...) esta creciente actividad profética es una señal del surgimiento de la Iglesia victoriosa de los últimos días".[6]

La profecía del tiempo moderno en la Iglesia consiste en tres partes: revelación, impartición y aplicación. Siempre debe ser ejercitada con extremo cuidado, porque está el peligro de los instrumentos humanos falibles que hacen mal uso de la interpretación o la aplicación o ambas, lo cual sucedió bastante en los días primitivos. El movimiento ha crecido hasta abarcar múltiples corrientes y lugares, y madurado ampliamente desde aquel entonces, porque tiene sus practicantes.

Claramente, la figura profética central en la porción del movimiento profético de Kansas City fue, y continúa siendo, Paul Cain. Nacido de una madre que fue sanada milagrosamente poco después de su nacimiento de tuberculosis terminal, problemas del corazón y cáncer, él recibió su primera visitación del Señor cuando tenía ocho años. Aún siendo un adolescente estaba en el círculo de la sanidad, profetizándole a la gente y diciéndole sus nombres, sus dolencias y que Dios los estaba sanando. Para los años '50 tenía un ministerio a tiempo completo: viajaba por todo el mundo y con un programa de televisión. Entonces, como muchos otros usados por Dios en los avivamientos de ese período, su vida pareció entrar en un eclipse. Los viajes cesaron, dejó la televisión, y se retiró fuera de la vista del público para volver a encender la llama de su amor por Dios y su devoción por la santidad.

Paul Cain se refiere a este período de retiro, el cual duró 20 años, como "los años casi silenciosos". El silencio finalmente se quebró en 1987 cuando reapareció vinculado a Kansas City Fellowship. En el término de un año, Dios lo levantó de la oscuridad a una prominencia internacional como profeta y vidente.[7] Actualmente, Paul Cain es un ejemplo de la corriente profética reemergente.

Además de estas dos corrientes proféticas, creo que hay muchas otras más pequeñas de unción profética, variantes de estas. La Iglesia cristiana hoy experimenta su mayor período de impartición profética desde el primer siglo. El río se está ensanchando, ahondando y creciendo. ¡Que el río fluya!

DOS CORRIENTES PROFÉTICAS: CONTRASTE Y COMPARACIÓN

Al comparar y contrastar las dos corrientes proféticas del profeta y el vidente, podemos obtener mayor luz para saber cómo trabajan juntas y se complementan para traer al Cuerpo de Cristo la expresión completa de la revelación de Dios.

En general, como vimos anteriormente, la unción profética del *nabiy'* tiende a manifestarse en lo audible y verbal, es una dimensión más

El vidente

comunicativa. Los profetas de esta corriente trabajan frecuentemente en la pluralidad del liderazgo. Individuos maduros y dotados, tanto hombres como mujeres de Dios, ministran con imposición de manos, y dan profecía en forma personal o corporativa, según les sea revelado. Este ministerio a menudo utiliza los dones de lenguas y la interpretación de ellas, profecía y palabra de conocimiento. Un profeta *nabiy'* "oye" una palabra en su espíritu y comienza a soltarla bajo la unción. Esta clase de profecía tiende a ser más espontánea y con un fluir más rápido que la profecía "vidente", y la inspiración es el tono general de la misma.

Un *ra'ah* o *chozeh*, por otra parte, tiende más al ministerio singular en oposición a la pluralidad de trabajar en equipo. La unción del vidente enfatiza las visiones y los dones de revelación mezclados con el don de discernimiento de espíritus, en vez de los dones audibles o verbales. Dentro de la dimensión visionaria hay dos niveles básicos de "ver": lo *visionario* y lo *real*.

Lo *visionario* tiene que ver con discernimiento, revelación, advertencia y profecías del Espíritu de Dios, que puede venir a través de sueños visionarios sobrenaturales. En tales casos, una persona ve la revelación de Dios mientras que su espíritu simplemente observa y recibe el mensaje. Estando dormido, esta persona puede incluso ver los cielos abiertos, tal como les sucedió a Ezequiel (Ezequiel 1:1) y a Juan (Apocalipsis 4:1). La característica especial de las visiones de cielos abiertos es que los niveles más altos son revelados y paisajes, patrones y visiones celestiales de Dios se vuelven visibles.

En contraste, lo *real* tiene que ver con sueños sobrenaturales en los que la presencia tangible de Dios es evidente o manifestada. Ver al Señor en un sueño es *visionario*, pero que Él mismo se manifieste a la persona que está soñando es *real*.

A causa de que los videntes principalmente profetizan dando a conocer lo que ellos han visto, generalmente operan a un ritmo más lento que los profetas *nabiy'*, debido a que tienen que tratar de describir las imágenes sobrenaturales en sus propias palabras. A diferencia de la naturaleza espontánea de la profecía *nabiy'*, los videntes generalmente reciben información de antemano, que dan a conocer más tarde.

Los videntes son muchas veces dependientes de las visiones angelicales y la presencia manifiesta de Dios. Como consecuencia, estos vasos proféticos parecen tener ciertas limitaciones hasta que sienten la unción. Supuestamente, este era el caso de William Branham, uno de los líderes del "Movimiento de Sanidad y Liberación" en los años '40 y '50. Un día, a fines de la década de los '40, tuvo un encuentro angelical que soltó sobre él los dones de sanidad y palabra de ciencia. Desde ese día en adelante, William

Branham se movió en un muy alto nivel de ministración, pero con algunas limitaciones. A veces no era capaz de hacer nada hasta que los ángeles vinieran. Cuando ellos llegaban, la revelación comenzaba a fluir.

Los profetas y visionarios representan la diversidad de la unción profética. Como dice el Dr. Bill Hamon, ambos son ministerios válidos, y ambos son hoy necesarios en la Iglesia. Dios no hace nada por accidente o pura casualidad, siempre tiene un propósito. Es importante que todos nosotros aumentemos la apreciación y el respeto por todos aquellos que tienen dones genuinos, no importa cómo ellos se manifiesten.

Después de todo, tanto el profeta como el vidente son siervos del mismo Señor y tienen el mismo objetivo: hablar lo que Dios les ha dado para exhortar, edificar y consolar al Cuerpo de Cristo.

Cierta vez, en un sueño, Paul Cain vino a mí y me dijo: "El vidente oye además de ver; solamente es un toque diferente del mismo querido Jesús".

Sea *nabiy'* o *ra'ah*, audible o visual, toda la profecía viene de la misma fuente: Dios el Padre a través de Jesucristo, por el ministerio presente del Espíritu Santo. El trabajo de ambos es revelar las gloriosas maravillas de Jesucristo, el propósito de Dios en cada generación, y traer conciencia de eternidad, de cielo e infierno, y de la gran presencia del Padre en medio de su pueblo, sea por medios audibles o visuales, sea por inspiración espontánea o por contemplación reflexiva.

ORAR POR VISIÓN

Hay dos oraciones bíblicas que he orado regularmente, casi diariamente, por más de 20 años. Las he orado sobre mi vida, sobre mi familia y, con el correr de los años, sobre innumerables personas. Ambas oraciones tienen que ver con la unción del vidente, la capacidad de "ver" en el sentido espiritual.

La primera de ellas es la gran oración de Pablo en el primer capítulo de Efesios:

> [Oro] *para que el Dios de nuestro Señor Jesucristo, el Padre de gloria, os dé espíritu de sabiduría y de revelación en el conocimiento de él, alumbrando los ojos de vuestro entendimiento, para que sepáis cuál es la esperanza a que él os ha llamado, y cuáles las riquezas de la gloria de su herencia en los santos, y cuál la supereminente grandeza de su poder para con nosotros los que creemos, según la operación del poder de su fuerza, la cual operó en Cristo, resucitándole de los muertos y sentándole a su diestra en los lugares celestiales* (Efesios 1:17-21).

El vidente

Cada creyente nacido de nuevo tiene dos pares de ojos. Tenemos nuestros ojos físicos, con los cuales vemos el mundo físico alrededor de nosotros. Pablo habla de un segundo par de ojos –los ojos de nuestro corazón, de nuestro ser interior- que pueden ser iluminados para percibir las verdades espirituales.

Pablo dijo: "Oro para que los ojos de sus corazones sean alumbrados...". Personalmente, oro esa oración algo así: "Señor, dame ese espíritu de sabiduría; concédeme ese espíritu de revelación para que pueda ser capturado por Cristo Jesús". Luego oro sobre los ojos de mi corazón: "Suelta haces de luz de la revelación dentro de ellos, que pueda saber la esperanza de tu llamado, que pueda comprender la gloriosa herencia que reside dentro de mí, que pueda entender la supereminente grandeza de tu poder que obra en mí".

Oro de esta forma y lo animo a que haga lo mismo, porque estoy convencido de que cada creyente puede desarrollar la capacidad del vidente. Toda la profecía, incluyendo la dimensión del vidente, es un don soberano de Dios, pero no creo que sea un don exclusivo. La oración de Pablo deja en claro que si usted ora sobre los ojos de su corazón, Dios le dará el espíritu de sabiduría y revelación en el conocimiento de Él. Esto significa que conocerá al Señor de una manera en que nunca podría haberlo hecho solo por su propia sabiduría.

La otra palabra que he orado constantemente durante años se encuentra en 2 Reyes capítulo 6. Esta es la situación: el rey de Aram quiere capturar al profeta Eliseo, y ha enviado a su ejército para sitiar la ciudad de Dotán, donde vivía Eliseo. El siervo de Eliseo ve el gran ejército y está aterrorizado:

> *Y se levantó de mañana y salió el que servía al varón de Dios, y he aquí el ejército que tenía sitiada la ciudad, con gente de a caballo y carros. Entonces su criado le dijo: ¡Ah, señor mío! ¿Qué haremos? Él le dijo: No tengas miedo, porque más son los que están con nosotros que los que están con ellos. Y oró Eliseo, y dijo: Te ruego, oh Jehová, que abras sus ojos para que vea. Entonces Jehová abrió los ojos del criado, y miró; y he aquí que el monte estaba lleno de gente de a caballo, y de carros de fuego alrededor de Eliseo* (2 Reyes 6:15-17).

Este pasaje muestra que podemos orar por alguien para que sea iluminado. Eliseo era un vidente; él vio algo que su siervo no podía ver, y oró: "Oh, Señor... abre sus ojos para que vea". Fue una oración muy simple, y el Señor la respondió. Capacitó al siervo para que vea el reino espiritual.

A través de la oración de uno que era vidente, vino la impartición a otro de la capacidad de ver.

Nabiy' y ra'ah –profeta y vidente– son ambos portadores de la unción y tienen ministerios significativos del Señor. Mucho se ha escrito y enseñado sobre la corriente profética del profeta *nabiy'*, pero no tanto acerca de las corrientes de *chozeh* y *ra'ah*, de profecía del tipo visionario. Para entenderlo mejor, primero precisamos echar un vistazo a las diferentes variedades de unción profética. Entonces, acompáñeme en este viaje y aprendamos a recibir de ambas corrientes del movimiento profético moderno, que juntas comprenden el gran río de Dios.

Capítulo 2

Dimensiones de la unción profética

La llamaron "la tormenta del siglo". En marzo de 1993 un amigo y yo estábamos viajando por Nueva Inglaterra, en la costa noreste de Estados Unidos, donde tenía agendado predicar en un total de seis reuniones en tres ciudades. Nuestro itinerario incluía New Haven, en Connecticut; Providence, en Rhode Island; y Kingston, en Massachusetts. Creo que aún los nombres de esas ciudades eran significativos, particularmente a la luz de lo que sucedió. New Haven (en inglés, forma derivada de "Nuevo Cielo") es un sitio de paz, un lugar de respiro y descanso. Providence (de "Providencia") tiene que ver con la voluntad de Dios, y Kingston (deriva de las palabras *"king"*, rey y *"town"*, ciudad), se refiere al lugar donde el rey vive y desde donde gobierna.

Estábamos en New Haven, Connecticut, cuando el norte de la costa este de Estados Unidos fue golpeada por una tormenta de hielo y nieve, con vientos que corrían a 130 kilómetros por hora. Varados en una pequeña cabaña en las montañas, mirábamos cómo la nieve y el aguanieve caían por igual de manera asombrosa.

Al final, solo tres de las reuniones programadas pudieron realizarse, y la asistencia fue un cuarto de lo que hubiera sido si no hubiera ocurrido aquella gran tormenta. No obstante, ese viaje resultó ser una cita divina para nosotros. Por causa de la tormenta no hubo reuniones el día sábado, pero para mí fue un gozo que se suspendieran. En vez de sentir remordimiento o preocupación por los contratiempos y por haber acabado en un lugar equivocado en un momento equivocado, de algún modo supimos que nos encontrábamos exactamente en el lugar en que debíamos estar. Mientras nevaba, mirábamos el asombroso poder de Dios sobre la naturaleza, tuvimos un tiempo maravilloso esperando en el Señor.

Mientras observábamos y orábamos juntos, solo meditando ante la presencia de Dios, Él me llevó al plano de lo profético, aunque no hubiera

El vidente

nadie, excepto mi amigo para escucharlo. Sentí que en ese momento el Señor me revelaba parte de su corazón.

Al escuchar el noticiero, oímos la increíble historia de una mujer embarazada que estuvo en trabajo de parto durante la tormenta, y cómo unos hombres tuvieron que excavar para sacar la nieve de la puerta de su casa para llevarla al hospital. Llegó justo al momento de dar a luz, y tuvo un hermoso varón al que ella y su marido llamaron Josué. Como consecuencia, los medios de comunicación comenzaron a referirse a la tempestad como "la tormenta Josué".

Mientras meditaba en ese nombre, sentía la voz del Señor dentro de mí diciendo suavemente: "Sí, hay una nueva unción para una nueva generación: mi generación de 'Josués'". Como el Josué antiguo, quien sucedió a Moisés en el liderazgo de los israelitas, la "generación de 'Josués'" recibe el cetro de la generación que ha abierto camino e ido adelante. Es una generación que toma las promesas dadas a la generación previa, y cruza a la tierra prometida para poseerla y conquistar a sus enemigos.

Hoy hay una nueva unción para una nueva generación, una generación de "Josués", de gente que nacerá en las cosas del Espíritu en medio de una gran tormenta espiritual que está barriendo nuestra Tierra. Veamos esta unción más de cerca.

ENTENDIENDO LA UNCIÓN PROFÉTICA

Muchos pasajes en La Biblia hablan de la unción. El Salmo 92:10 dice: *"Pero tú aumentarás mis fuerzas como las del búfalo; seré ungido con aceite fresco"*. El aceite fresco de la unción es lo que precisamos, si hemos de ser capaces de cumplir lo que Dios nos ha hablado claramente.

Isaías 10:27 habla del poder de la unción para romper el yugo de la esclavitud, maldad y opresión: *"Acontecerá en aquel tiempo que su carga será quitada de tu hombro, y su yugo de tu cerviz, y el yugo se pudrirá a causa de la unción"*.

La unción también tiene el poder para hacer el bien y traer sanidad: *"Cómo Dios ungió con el Espíritu Santo y con poder a Jesús de Nazaret, y cómo éste anduvo haciendo bienes y sanando a todos los oprimidos por el diablo, porque Dios estaba con él"* (Hechos 10:38).

Básicamente, la unción es la capacidad o gracia sobrenatural –la presencia manifiesta del Espíritu Santo– que opera sobre o a través de un individuo o un grupo corporativo para dar como resultado las obras de Jesús. Significa Dios contigo y Dios en ti; estás hablando en su hablar y caminando en su sombra.

Como pueblo ungido nosotros, el Cuerpo de Cristo, hemos sido llamados a llevar la carga profética, lo que nos hará vivir siempre al borde del propósito eterno de Dios. El ministerio profético es solo un aspecto de los ministerios quíntuplos compuestos por apóstoles, profetas, evangelistas, pastores y maestros. Como tales, una porción de lo profético reside en cada ministerio, siendo más evidente y activo en algunos que en otros. El arma principal de Dios es un hombre o una mujer que ha encontrado la unción profética. Dios no unge *proyectos*; ¡Él unge *personas*!

Personas ungidas con un ministerio profético que hablan la palabra del Señor en el nombre del Señor. Tienen peso en la iglesia por causa de la urgencia ética, moral y espiritual de su mensaje. Sus credenciales, credibilidad y estatus como vasos proféticos, no son otorgadas por designación oficial, sino por el poder de su llamado y por la respuesta de los que oyen.

La característica más singular de un verdadero profeta es que él o ella han estado en el consejo divino y, por tanto, declarado fielmente lo que han oído de la boca de Dios. Según Robertson Smith, es la palabra divina lo que distingue al profeta: "La posesión de un solo pensamiento verdadero no derivado de enseñanzas religiosas del momento, sino brotado en el alma. Porque la palabra que viene de Jehová es suficiente para constituir a un profeta."

Generalmente los profetas no hacen ningún reclamo de ser oídos. Se contentan con hablar, actuar y dejar el asunto allí, con la confianza puesta no en ellos mismos, sino en que lo que han oído es de Dios y se cumplirá. Su primera preocupación no es el futuro distante, sino declarar la voluntad de Dios en la crisis de sus propios días. Los profetas son, esencialmente, intérpretes de Dios.

Las profecías del Antiguo Testamento prefiguraban a Cristo. La tarea principal del profeta del Nuevo Testamento hasta hoy, siempre ha sido declarar que todas las profecías de La Biblia se han cumplido en Cristo:

Y todos los profetas desde Samuel en adelante, cuantos han hablado, también han anunciado estos días [es decir, la vida, muerte y resurrección de Jesucristo] (Hechos 3:24).

Los profetas que profetizaron de la gracia destinada a vosotros, inquirieron y diligentemente indagaron acerca de esta salvación, escudriñando qué persona y qué tiempo indicaba el Espíritu de Cristo que estaba en ellos, el cual anunciaba de antemano los sufrimientos de Cristo, y las glorias que vendrían tras ellos (1 Pedro 1:10-11).

Porque el testimonio de Jesús es el espíritu de la profecía (Apocalipsis 19:10).

El vidente

Recuerde que la profecía son los pensamientos expresados de Dios en un lenguaje hablado, que ningún hombre en sus talentos o elocuencia natural podría articular por sí mismo. La sustancia y la naturaleza de la profecía exceden los límites de lo que la mente natural puede concebir. La profecía viene *a través* de la boca de un hombre, pero proviene *de* la mente de Dios: pensamientos espirituales en palabras espirituales.

La unción profética del Espíritu se manifiesta en una variedad de maneras. La gente es diferente, con diferentes personalidades, culturas, trasfondo étnico y diferentes dones. Como a menudo dice Rick Joyner: "¡Dos copos de nieve no son iguales!" No debería, entonces, sorprendernos que haya una gran diversidad de expresiones del ministerio y el oficio de profeta. A pesar de que seguramente haya más, quiero mirar más de cerca doce variantes de esta gracia profética. Estos modelos representan lo que el Espíritu está haciendo y desea hacer en la Iglesia. Juntos presentan un cuadro más completo de la plenitud de la unción profética del Señor.

• **Soñadores y visionarios**
Obviamente, estos son individuos proféticos que se mueven principalmente en el área de los sueños y las visiones, videntes, en otras palabras. Dependiendo de la esfera particular del ministerio y la autoridad que Dios les haya dado, pueden operar en grandes eventos públicos o en escenarios más pequeños, como la iglesia local, el negocio, la familia o la casa. En algunos casos puede ser de naturaleza primariamente personal, limitada a su oración íntima y compartida solo con los miembros de la familia o, si la ocasión lo permite, con algunas pocas personas. El Señor no da una unción profética en vano. Pequeña o grande, cada soñador y visionario tiene un "mercado" o una esfera que él o ella pueden influenciar.
El propósito principal de esta unción para soñar o ver, es despertar al pueblo de Dios al mundo espiritual. Es una manifestación milagrosa del Espíritu Santo que ilumina creativamente una verdad y confirma la dirección que Dios ya les ha dado a otros. Un buen ejemplo bíblico de esto es el profeta Zacarías (Zacarías 4). En nuestros días, Paul Cain, Bob Jones, John Paul Jackson y otros, ejemplifican esta dimensión de profeta/vidente de una manera extraordinaria.

• **Profetas que proclaman el propósito de Dios corporativamente**
Las personas que muestran esta expresión de la unción, a pesar de que ser verdaderos vasos proféticos, raramente o nunca profetizan

sobre individuos o en ministración personal. Su campo de acción y autoridad es diferente. Son especialmente dotados para discernir los tiempos y las sazones, dan claridad a la dirección general y el propósito del Cuerpo de Cristo, capacitando y animando a la Iglesia a levantarse y alcanzar la plenitud en Cristo.

Pablo es un ejemplo perfecto en el Nuevo Testamento. Además de ser apóstol y maestro, también caminaba en una fuerte unción profética que se manifestaba en un profundo don para revelar y descubrir el propósito a gran escala para la Iglesia del Señor.

Un ejemplo contemporáneo podría ser Rick Joyner. Aunque Rick es un auténtico vidente, su énfasis no está en las profecías individuales o personales. Él se encuentra casi siempre declarando e interpretando proféticamente los propósitos de Dios para nuestros días. Las enseñanzas y los libros del Dr. Bill Hamon también revelan a Dios y su propósito corporativo, a la vez que Francis Frangipane, Tommy Tenney y otros apuntan, además, a la dirección corporativa en que el viento sopla.

- **Profetas que proclaman las normas del corazón de Dios para su pueblo**

La persona que está bajo esta unción desafía a la Iglesia a tener pensamientos, intenciones, motivaciones, convicciones y métodos santos en cada área de la vida. Eso es lo que significa proclamar los estándares o normas del corazón de Dios para su pueblo. Su propósito es introducir el fruto del Espíritu, nutrir el carácter de Cristo y promover la pureza y santidad. Ejemplos bíblicos de esta unción son Jeremías en el Antiguo Testamento y Juan el Bautista en el Nuevo.

Un buen ejemplo contemporáneo de esta unción es David Wilkerson, quien suelta la plomada de Dios en la Iglesia, al declarar la norma de santidad de una manera profética. Solo porque él no vea visiones, no llame a la gente por su nombre o no imponga manos sobre las personas, no significa que no sea profeta. Por el contrario, quizás es un evangelista-profeta, que suelta la Palabra de Dios en una manera que cambia las vidas. Gracias a Dios por otros como Steve Hill y Michael Brown, que nos llaman a una obediencia radical a la Palabra de Dios.

- **Profetas que proclaman la responsabilidad social de la Iglesia**

Esta expresión profética llama a la Iglesia a cuidar de las viudas,

El vidente

los huérfanos, los pobres, los oprimidos y los presos. En síntesis, todos los necesitados que no tienen poder ni abanderado por su causa. El propósito es establecer la justicia y la igualdad. Amós, en el Antiguo Testamento, era un profeta así. En el capítulo 5 del libro que lleva su nombre, dice: *"Pero corra el juicio como las aguas, y la justicia como impetuoso arroyo"* (v. 24).

En nuestros días Norm Stone con el ministerio Walk Across America for Life (Atravesando América para Vida), es esta clase de profeta. Su estilo de vida va de contramano al de la iglesia y la nación. Dios le ha dado un llamado profético único e inusual para atravesar los Estados Unidos orando de costa a costa –siete veces–, declarando las atrocidades del aborto y penetrando en los corazones de la iglesia y la nación para despertar la responsabilidad social y moral. Aunque a menudo es un trabajo ingrato, es un ministerio vitalmente necesario.

Otro querido amigo mío de Nashville, Tennessee, es Scott MacLeod, del ministerio Provision International (Provisión Internacional). Aunque él es un salmista profético, ha dedicado su vida al ministerio de los pobres en la ciudad en que vivo. Es uno de los héroes que nos llaman a ponerle pies a nuestra fe a llevar lo profético a las calles.

- **Profetas que declaran la estrategia administrativa de Dios con una inclinación política**

¡Espere un momento! ¿Profetas con dones administrativos? ¿No es eso un conflicto entre el hemisferio derecho e izquierdo de nuestro cerebro? ¡Para nada! Moisés era un profeta, y también lo eran José y Daniel. Todos estos hombres del Antiguo Testamento eran portadores de una unción fuerte y, aún así, estaban dotados de una habilidad para el liderazgo administrativo.

Moisés necesitó un poco de astucia política para guiar a tres millones de personas luego de 430 años de esclavitud, y organizarlos hasta convertirlos en una nación. José se movió en la esfera del vidente, como un intérprete de sueños. Su don profético de ver lo que venía lo llevó a una posición única para hablar el consejo de Dios a los que estaban en autoridad política. Un segundo en importancia luego del Faraón tenía que ser un administrador poderoso y muy eficiente. Daniel también se movió en el ámbito de los sueños y las revelaciones, y a pesar de ello era el más competente de todos los líderes y administradores bajo el rey de Babilonia.

Dimensiones de la unción profética

Durante los años de mi adolescencia, el Señor puso en mi corazón un par de oraciones que empecé a orar regularmente. La primera era: "Señor, levanta tus 'Josués'. Levanta tus consejeros para los faraones". A veces Dios pone algo dentro de ti que ni siquiera tú entiendes por qué está allí, mucho menos cómo llegó. Todo lo que sabes es que Dios ha dejado caer dentro de tu espíritu un depósito de gracia que te inspira a comenzar a orar específicamente por algo o alguien, que nunca hubieras imaginado que lo harías. Como joven, sentí que Dios me guiaba a orar para que el Señor enviara consejeros a aquellos que estaban en autoridad.

La otra oración que comencé a hacer era: "Señor, te pido que me des un corazón puro". Jesús dijo: *"Bienaventurados los de limpio corazón, porque ellos verán a Dios"* (Mateo 5:8). ¡Oh, cómo quería ver al Señor! Clamé por un corazón puro, y todavía lo sigo haciendo.

Cuando Dios imparte esta "astucia política", aquellos que la reciben revelan profundas habilidades administrativas, y desarrollan estrategias que ayudan y fomentan la implementación ágil y sabia de los propósitos de Dios. Eso fue lo que hizo José en Egipto, al preparar al país para sobrevivir durante los siete años de hambre.

Actualmente el Dr. Kingsley Fletcher es un fiel ejemplo de esta gracia. Él es pastor principal de una iglesia en Carolina del Norte y un gobernante de la nación africana de Ghana, que llama a un cambio en la sociedad. Hay muchos hombres y mujeres de gobierno así, a los que Dios levanta para un tiempo como este. ¡Que maravilloso es entender estratégicamente por revelación qué es lo que hay que hacer y cómo hacerlo! ¡Señor, expande sus horizontes y levanta a estos hacedores de historia!

- **Líderes de adoración que se mueven en la presencia manifiesta de Dios en la adoración profética.**

Los líderes proféticos de adoración ayudan a desatar al pueblo a la libertad, tanto de expresar su amor por Dios como de recibir ese amor. Bajo su liderazgo profético, los dones del Espíritu fluyen y operan más libremente. Porque ellos mismos son portadores del Espíritu, ayudan a elevar a otros a su maravillosa presencia donde los cambios ocurren. Jesús es verdaderamente exaltado y entronado en las oraciones de su pueblo.

El mayor ejemplo bíblico es David quien, además de ser pastor y rey, fue también un salmista profético. Más de la mitad de los salmos en la Biblia fueron escritos por él. Cuando era un joven, tocaba su arpa y cantaba, y hacía que los demonios huyeran del rey Saúl. ¡Que combinación!

Varios ejemplos de salmistas proféticos de nuestra generación son Jason Upton, David Ruis, Theresa Griffith, Matt Redmon, Heather Clark y Jeff Deyo. Una nueva raza de bandas del Ejército de Salvación se precipita a la escena. Una fresca combinación que mezcla los dones evangelísticos y proféticos está emergiendo para impactar a los perdidos por la causa de Jesús. Pero muchos de estos guerreros santos hallarán su expresión principalmente a través de la música.

• **Intercesores proféticos**
Bajo esta unción, una persona recibe una carga de Dios que la conduce a una intercesión que afecta tanto a individuos como a comunidades, ciudades y hasta naciones enteras. Dependiendo de la medida y de la esfera de autoridad conferidas por el Señor, un intercesor profético puede moverse bajo una carga por un asunto internacional.

En el Antiguo Testamento Daniel oraba tres veces al día por la liberación de los hijos de Israel de la cautividad en Babilonia. Intercedía por el regreso a su tierra y su restauración.

El segundo capítulo de Lucas nos cuenta la historia de Ana, una profetiza viuda que *"no se apartaba del templo, sirviendo de noche y de día con ayunos y oraciones"* (Lucas 2:37b). A pesar de que no se registra ni una sola profecía suya, la Biblia dice que ella dedicaba su tiempo a orar y ayunar. Ana era una intercesora profética.

Se necesita un fuerte espíritu profético para perseverar en oración ante el Señor, aún cuando parece que nada sucede. Sin esa unción la gente se siente desilusionada, desesperanzada y pierde el entusiasmo, al punto de abandonar la visión. La unción para la intercesión profética viene con la gracia para perseverar. ¡No solo usted aprende a orar a Dios, sino también a orar las oraciones de Dios!

En mi opinión, personalmente creo que tengo una unción más acentuada en esta área de intercesión profética. Dios me ha dado la fe y la gracia de impartírsela a otros. Es terriblemente difícil darle a otros lo que no tenemos. De todas las cosas que hago, es aquí donde experimento la unción más fuerte. Cindy Jacobs de Generals of Intercession (Generales de Intercesión), Beth Alves

Dimensiones de la unción profética

de Intercessors International (Intercesores Internacionales), Chuck Pierce de Global Harvest (Cosecha Global), Bárbara Wentroble, Tom Hess, Tim Simmons y miles de otros conforman este ejército de guerreros de oración revelatoria.

Las próximas cinco son expresiones de la unción profética que creo que el Espíritu Santo quiere liberar en una escala mayor, y así ha comenzado a hacer.

• **Portadores del Espíritu**
Juan 3:8 dice: *"El viento sopla de donde quiere, y oyes su sonido; mas ni sabes de dónde viene, ni a dónde va; así es todo aquel que es nacido del Espíritu"*. Esta palabra es para todos los creyentes. Todos los que hemos nacido de nuevo debemos captar el viento del Espíritu.

Sin embargo, hay algunos que parecen tener una unción para captar el viento del Espíritu más fácilmente que otros. Mojan su dedo, lo ponen hacia el cielo para averiguar de dónde sopla el viento, luego se hacen a la mar y siguen esa dirección por dondequiera que los guíe. Para otros puede parecer alocado o casi descabellado, pero a ellos no les importa porque están sumergidos en la tarea de seguir al viento del Espíritu Santo en sus vidas.

Caminan en el amor de Jesús a través de una comunión íntima. Dios usa a estos portadores proféticos del Espíritu para soltar manifestaciones inusuales del Espíritu, en medio de su pueblo reunido. Puede haber gente cayendo en el Espíritu, temblando, sacudiéndose, hablando en el Espíritu, experimentando el poder, luchando en guerra espiritual o teniendo encuentros de ángeles o demonios. A veces se mueven en el plano de las visitaciones angelicales, aún quizás en una dimensión en la que simplemente oran por la gente... y la actividad de Dios acontece.

Mi querido amigo Jill Austin, de Master Potter Ministries (Ministerios Maestro Alfarero), es uno de esos portadores del Espíritu de nuestros días. Cuando él aparece, Él aparece. El propósito principal de los portadores del Espíritu es estar con Jesús y luego pararse en medio de la gente, y decir: "¡Ven Espíritu Santo!" Son usados para crear un punto de conexión entre el cielo y la Tierra, y traer la presencia divina al lugar.

• **Consejeros proféticos**
Las personas con esta unción combinan el cuidado pastoral y el

aconsejamiento comprensivo con lo profético. Hay una gran necesidad de esta clase de ministerios hoy, porque hay mucha gente llena de heridas, traumas y conflictos. El aconsejamiento profético mezcla el espíritu de consejo y el espíritu de conocimiento, como dice en Isaías 11:2: *"Y reposará sobre él el Espíritu de Jehová; espíritu de sabiduría y de inteligencia, espíritu de consejo y de poder, espíritu de conocimiento y de temor de Jehová"*. A veces los consejeros proféticos también muestran dones de sanidad y discernimiento de espíritus, aunque su interés principal no está en el cuadro general sino en los asuntos internos específicos del hombre y la mujer, que tienen que ver con sus cuestiones personales y familiares.

Uniendo la compasión y la revelación, son capaces de ver las heridas de las personas y ayudar a liberar el espíritu de conocimiento. Con su intuición espiritual y su habilidad para escuchar, pueden ayudar a las personas a aquietar sus almas y aliviar sus corazones atribulados. John y Paula Sandford, de House of Elijah Ministries (Ministerios Casa de Elías), son el fiel ejemplo de un padre y una madre en esta área. Mucha gente se emociona al escuchar las cosas increíbles que ocurren en las reuniones, pero tanto más sucede en pequeños encuentros y consejería personal. La gente que tiene problemas habla cara a cara con consejeros llenos de amor, compasión y poder de sanidad. Dios obra a través del ministerio de hombres y mujeres sensibles y dotados de su poder.

- **Equipadores proféticos**

Es una combinación de profeta y maestro. Todos los oficios de los ministerios quíntuplos –apóstol, profeta, evangelista, pastor y maestro– son provistos para equipar a la Iglesia, pero algunos tienen una gracia especial para equipar a otros. Algunos equipadores proféticos desarrollan su ministerio a través del ejemplo, sin involucrarse significativamente en las vidas de las personas. Otros aprenden al escucharlos hablar y observar sus vidas.

Muchos otros equipadores proféticos, sin embargo, obran más efectivamente en la interacción directa con otra persona en un contexto de enseñanza. Poseen el don de la enseñanza con un toque profético que los capacita para explicar a los demás los caminos del Espíritu, tomando lo complicado y haciéndolo práctico, fácil de relatar y comprender. Su llamado y su deseo son enseñar a otros creyentes con una carga particular por la multiplicación a través de mentores, lo cual hoy es muy necesario.

Dimensiones de la unción profética

John Wimber, el líder precursor del Movimiento Vineyard, fue uno de los maestros proféticos más profundos que jamás conocí. Mientras que sus seminarios estaban llenos de la presencia y el poder de Dios, los estudiantes siempre recibían notas detalladas y sesiones de entrenamiento para enseñarles cómo hacer la tarea. También el Dr. Bill Hamon, en sus escuelas de entrenamiento profético, ha activado y equipado a miles de profetas y ministerios proféticos en cada país del mundo entero.

- **Escritores proféticos**

La profecía no está limitada al ámbito verbal y visual; también puede venir en forma escrita. Aunque no es tan común como las formas orales, los escritos proféticos son igualmente válidos. Una persona con esta unción es tan profeta como los demás. La diferencia es que él o ella tienen el don y la disposición de comunicarse más poderosamente a través de la palabra escrita que de la palabra hablada.

A través de los años he visto muchas personas proféticas que son torpes en público, ¡pero deles una lapicera y un papel, o un procesador de texto, y espere a ver lo que sucede! Por otra parte, he visto muchos oradores poderosos con un carisma increíble y una elocuente "presencia de plataforma", que difícilmente pueden escribir dos oraciones seguidas que tengan coherencia, mucho menos un libro. La palabra escrita y la hablada son bastante diferentes, y hay una unción profética para cada una de ellas.

Los escritores proféticos escriben con unción de revelación, expresan en forma impresa el corazón de Dios a la sociedad contemporánea. Gene Edwards es maravillosamente usado en esta forma para pintar poéticamente vivos retratos que llevan al lector al trono de su majestad.

Hace varios años tuve la oportunidad de ministrar a un hombre llamado John Bibee, que vino a una de nuestras conferencias. Este caballero escribe literatura infantil y es el autor de las series Spirit Flyer. Su unción profética como escritor es obvia en su habilidad de tomar las cosas profundas del Espíritu, y hacerlas aceptables en una manera comprensible y fácil de relatar a los niños.

Otro ejemplo de escritor profético es el fallecido Francis Schaeffer, fundador de la Comunidad L'Abri. El Dr. Schaeffer fue un comunicador poderoso a través de la palabra escrita. Un verdadero escritor profético y estadista, cuyos libros y manuscritos continúan convenciendo y desafiando a la Iglesia mundial veinte años después de su muerte.

• **Evangelistas proféticos**
Ellos llevan los dones de revelación a las calles, los estadios, vecindades, clubes deportivos, lugares ejecutivos: a todas partes y en todo lugar. ¡Cuán desesperadamente nuestra sociedad necesita gente que se mueva en la unción del evangelista profético! Esta unción no significa necesariamente pararse en frente de cientos o miles de personas y predicar. Algunos evangelistas profetas lo harán, por supuesto, pero la mayoría operan en una esfera más pequeña e íntima. Una de las necesidades mayores es la de evangelistas en el escenario cotidiano del día a día: el ascensor, el almacén, el colectivo, la cancha, la estación de servicio, el consultorio médico, el colegio o la facultad: todo lugar donde la gente interactúa.

Mahesh y Bonnie Chavda me han sacudido en esto. Por los dones apostólicos y proféticos sobre sus vidas, han visto venir a los pies del Señor a cientos de miles de personas. Pero otros campeones de la fe están levantándose del mismo modo, como Patricia King, Todd Bentley, Mickey Robinson y otros que están derribando las paredes de las iglesias e impulsando a la gente a la acción.

¡Qué ansioso está el Señor de soltar la actividad del Espíritu Santo a través de las vidas y palabras de sus fieles siervos, que llevan la unción evangelístico-profética!

VENENO Y ANTÍDOTO

Queda claro que la unción profética se manifiesta de diversas maneras. Todas vienen del mismo Espíritu Santo, quien reparte a cada uno como quiere. Con esto en mente, cabe hacer una advertencia. Hay un veneno letal que puede matar nuestros ministerios y dones para que no caminemos en nuestra unción, cualquiera sea ella: el veneno de la codicia. Compararnos con otros y desear lo que ellos tienen produce muerte. No debemos bajo ningún concepto juzgar o evaluar nuestra unción al compararla con la unción de otros. Es crucial que evitemos la envidia y la inseguridad. Dios tiene mucha unción para abastecernos. Estemos satisfechos buscando nuestro propio llamado y caminando en nuestra propia unción.

El antídoto a este veneno es aprender a andar en confesión unos con otros, rindiéndonos cuentas y cultivando la fidelidad mientras nos brindamos a la expresión de gracia única que nos ha sido impartida por

Dios. A veces somos propensos a dejarnos herir por el rechazo, la crítica, las tradiciones legalistas, los yugos de esclavitud o los moldes que los demás nos ponen en sus expectativas poco realistas y equivocadas. El Espíritu Santo nos ayudará y nos liberará para ser expresiones únicas y variadas de su maravillosa presencia profética, y caminar prudentemente y con integridad dentro de la Iglesia. Dios nunca ha estado en una caja. ¡Somos nosotros los que estamos encerrados en cajas! Es tiempo de que permitamos que el Espíritu Santo abra la tapa para que, en gratitud *a* Él, podamos salir y ser todo lo que *en* Él somos. Permitamos que su unción rompa el yugo. En vez de desear ser otra persona o tener lo que otro tiene, seamos fieles y confiables para andar en la expresión única de gracia que Él nos ha confiado a cada uno de nosotros.

Capítulo 3

Visión: el poder que sustenta

Moisés había ascendido al monte Sinaí para encontrarse con Dios. Había estado allí más de un mes. Abajo en el valle, el pueblo de Israel, recientemente liberado de la esclavitud, comenzaba a preguntarse cuál sería la suerte de su líder. Quizás creían que un animal salvaje lo había devorado o que habría caído de un risco. En cualquiera de los casos, el pueblo fue a Aarón, el hermano de Moisés y su vocero, y lo indujo a hacer un "dios", una imagen de oro que fuera delante de ellos. Le dijeron a Aarón: *"Levántate, haznos dioses que vayan delante de nosotros; porque a este Moisés, el varón que nos sacó de la tierra de Egipto, no sabemos qué le haya acontecido"* (Éxodo 32:1).

Aarón tomó oro del pueblo y formó con él un becerro de oro fundido, al cual los israelitas establecieron como su dios, el que los había sacado de Egipto. Luego el pueblo comenzó a adorar al becerro y a celebrar con cantos y danzas. Le ofrecieron sacrificios quemados y se corrompieron en actos y juegos de lascivia, quizás como los que habían visto hacer en Egipto.

En la montaña Dios vio lo que el pueblo estaba haciendo y se preparó para destruirlo, pero Moisés intercedió en su favor. El Señor se "ablandó" y los perdonó. Moisés descendió de la montaña, confrontó al pueblo y, en un gesto simbólico que ilustraba su desobediencia, quebró las tablas de la Ley al pie de aquella montaña. Luego destruyó al becerro de oro.

Viendo que la gente estaba "desenfrenada" (Éxodo 32:25), Moisés exclamó: *"¿Quién está por Jehová? Júntese conmigo"* (Éxodo 32:26). Cuando "todos los hijos de Leví" se unieron a Moisés, él los envió a matar a los instigadores y líderes de la rebelión. Al final, tres mil israelitas murieron aquel día.

Este incidente del libro de Éxodo ilustra perfectamente la verdad de Proverbios 29:18: *"Sin profecía, el pueblo se desenfrena; mas el que guarda la ley es bienaventurado"*. Este versículo en otras versiones en inglés, dice: "Donde no hay *revelación*, el pueblo se desenfrena; mas bendito es el que guarda la ley". Algunas otras versiones castellanas, tales como La Biblia de las Américas, usan la palabra "visión" en vez de "profecía" o "revelación". El punto es claro: sin profecía, sin revelación divina o visión, el pueblo se desenfrena. Se descarría porque no tiene guía, no tiene visión. La Palabra de Dios —su ley— provee visión y guía para vivir, y aquellos que la siguen serán benditos.

Todos necesitan una visión que los sustente en la vida. William Blake, el notable artista y poeta de fines del siglo XVIII y principios del siglo XIX, también fue un visionario. Primero comenzó de niño viendo visiones, que luego continuó por el resto de su vida. Su capacidad visionaria influenció profundamente su vida y obra:

> En los últimos años Blake hablaba habitualmente de los temas sobrenaturales, de sus pinturas, como estando presentes en realidad en su estudio mientras él los dibujaba. Cierta vez un visitante lo sorprendió muy concentrado en su trabajo de pintar a un modelo invisible. Él miraba y dibujaba, dibujaba y miraba, aparentemente como para capturar su semejanza. "No me molesten, tengo alguien sentado posando para mí", dijo. "Pero no hay nadie allí", exclamó el visitante. "Pero yo lo veo, señor", replicó Blake orgullosamente. "Allí está, su nombre es Lot, puede leer acerca de él en las Escrituras. Ahora está sentado para que yo lo retrate."[8]

Algunas de las mejores obras de Blake, tanto artística como poéticamente, fueron inspiradas en las visiones que lo sustentaban.

En el año 312 d.C., Constantino y Majencio eran rivales en la pelea sobre quién sería el emperador del Imperio romano. Ambos hombres y los ejércitos que estaban bajo sus órdenes se lanzaron a la línea de batalla en el puente Milvio, sobre el río Tíber. El día anterior a la batalla, Constantino tuvo una visión de una cruz en llamas, cuyo contorno se dibujaba contra el sol. En la cruz estaban las palabras griegas *en toutoi nika*, que significan: "con este signo conquistarás". A la mañana siguiente Constantino tuvo un sueño en el cual una voz le ordenó marcar los escudos de sus soldados con *chi ro*, el monograma del nombre "Cristo". Constantino obedeció, peleó contra Majencio y lo derrotó[9], convirtiéndose así en el emperador de Roma, y en el primer emperador romano en abrazar la fe cristiana.

Constantino tuvo una visión que lo sostuvo, lo llevó a la victoria y cambió su vida entera.

"Donde no hay visión, el pueblo perece" (Proverbios 29:18a BLA). El comportamiento desenfrenado conduce a la destrucción. La gente que no tiene visión, tampoco tiene metas o propósito, nada por qué vivir. No tiene a dónde dirigirse en la vida y, por ende, no llega a ningún lado.

Como cristianos somos llamados a ser un pueblo de visión. Debemos aprender a ponernos metas u objetivos ante nuestros ojos a dónde apuntar. ¡Es sólo cuando apuntamos a algo que tenemos la oportunidad de pegarle! El apóstol Pablo puso su mirada en conocer a Cristo, lo cual reconoció era un proceso que llevaba toda la vida:

> *Hermanos, yo mismo no pretendo haberlo ya alcanzado; pero una cosa hago: olvidando ciertamente lo que queda atrás, y extendiéndome a lo que está delante, prosigo a la meta, al premio del supremo llamamiento de Dios en Cristo Jesús. Así que, todos los que somos perfectos, esto mismo sintamos* (Filipenses 3:13-15a).

Como Pablo, precisamos ser un pueblo de visión. Pongamos nuestra mirada en el Señor y apuntemos a sus metas.

LA VISIÓN QUE SUSTENTÓ A ELISEO

Eliseo, que sucedió a Elías en el ministerio profético, era un hombre de visión. Aún desde joven Eliseo tenía mucho hambre de Dios, y esta necesidad lo hizo tenaz en perseguir su objetivo. Tenía delante de sus ojos una visión del Señor que lo sustentó en un ministerio aún mayor y más lleno de milagros que el de Elías.

Cuando se acercaba el tiempo en que Elías sería llevado al cielo, Eliseo no se movía de su lado. Tres veces el Señor instruyó a Elías a ir a un lugar específico: Betel, Jericó y el Jordán. Tres veces Elías le pidió a Eliseo que se quedara atrás, pero en cada oportunidad Eliseo se negó a obedecerlo. En el Jordán, Elías golpeó las aguas con su manto, las aguas se abrieron, y los dos hombres cruzaron por tierra seca.

Impresionado y animado por la tenacidad de Eliseo, Elías quiso saber qué era lo que buscaba:

> *Cuando habían pasado, Elías dijo a Eliseo: Pide lo que quieras que haga por ti, antes que yo sea quitado de ti. Y dijo Eliseo: Te ruego que una doble porción de tu espíritu sea sobre mí. Él le dijo: Cosa difícil has pedido. Si me vieres cuando fuere quitado de ti, te será hecho así; mas si no, no. Y aconteció que yendo ellos y hablando, he*

El vidente

aquí un carro de fuego con caballos de fuego apartó a los dos; y Elías subió al cielo en un torbellino. Viéndolo Eliseo, clamaba: ¡Padre mío, padre mío, carro de Israel y su gente de a caballo! Y nunca más le vio (2 Reyes 2:9-12a).

¿Qué es lo que vio Eliseo exactamente? Obviamente, vio a Elías ser llevado al cielo, porque los versículos que siguen dejan bien claro que Eliseo recibió la doble porción del espíritu que había estado sobre Elías. Sin embargo, las palabras del mismo Eliseo aclaran que vio algo más que esto: "*¡Padre mío, padre mío, carro de Israel y su gente de a caballo!*" Las palabras "padre mío" se pueden referir a Elías, a quien ciertamente Eliseo tenía como mentor y figura paternal. También es posible que Elías, en el momento de la unción, tuviera un vislumbre de Dios el Padre –o al menos de la gloria que lo rodea– ya que Éxodo 33:20 dice que ningún hombre puede *ver* a Dios y vivir.

En cuanto a los "carros de Israel y su gente de a caballo", esto puede referirse a las innumerables huestes celestiales que lo acompañaban. Lo que sea que Eliseo haya visto, quedó profundamente afectado por la visión, y esta lo sustentó por el resto de su vida.

Si recuerdan lo descripto en el capítulo 1, esta no fue la única vez que Eliseo vio un ejército celestial de carrozas y hombres de a caballo. Cuando el rey de Siria mandó su ejército para sitiar Dotán y capturar a Eliseo, el siervo de Eliseo estaba aterrado hasta que el profeta oró para que sus ojos fueran abiertos. Allí fue cuando el siervo vio lo que su señor estaba viendo: carrozas de fuego y caballos rodeándolos. Una vez que el siervo vio el ejército divino, que era invisible en lo natural pero visible en lo espiritual, sus temores se disiparon.

Eliseo era un hombre de visión, de revelación, y nunca se deshizo de ella. ¿Qué hay acerca de usted? No conozco la promesa profética que el Señor le pudo haber hablado. Como cristianos tenemos las promesas bíblicas y también las palabras de revelación actuales que son habladas a cada uno de nosotros, las cuales vienen de maneras diferentes. Algunas veces viene en la quietud del Espíritu; otras veces, a través de sueños o visiones. Pueden venir directamente de Dios a usted o por medio de alguien que le hablaba lo que ha recibido de parte de Dios.

Cualquiera sea el caso, no deseche sus sueños, porque ellos tendrán grandes recompensas. No se quite la túnica de los sueños en presencia de su enemigo. Sostenga la visión que Dios le ha dado. La visión es un poder capaz de sustentar un pueblo.

LA VISIÓN QUE SUSTENTÓ A JACOB

Jacob es otro personaje del Antiguo Testamento que fue sustentado por una visión. Habiéndose escapado de su hogar, huyendo de la ira asesina de su hermano Esaú, Jacob se recostó para dormir en el desierto.

Y soñó: y he aquí una escalera que estaba apoyada en tierra, y su extremo tocaba en el cielo; y he aquí ángeles de Dios que subían y descendían por ella. Y he aquí, Jehová estaba en lo alto de ella, el cual dijo: Yo soy Jehová, el Dios de Abraham tu padre, y el Dios de Isaac; la tierra en que estás acostado te la daré a ti y a tu descendencia. Será tu descendencia como el polvo de la tierra, y te extenderás al occidente, al oriente, al norte y al sur; y todas las familias de la tierra serán benditas en ti y en tu simiente. He aquí, Yo estoy contigo, y te guardaré por dondequiera que fueres, y volveré a traerte a esta tierra; porque no te dejaré hasta que haya hecho lo que te he dicho (Génesis 28:12-15).

Durante veintiún años Jacob trabajó para su tío Labán quien, además, llegó a ser su suegro al casarse con sus dos hijas, Lea y Raquel. Labán era tan engañador y estafador como Jacob. Este había trabajado siete años para obtener a Raquel como esposa, pero acabó recibiendo a Lea, la mayor. También obtuvo a Raquel, pero tuvo que trabajar otros siete años más. Jacob trabajó otros siete años adicionales para tener su propio rebaño y luego volver a su tierra. En el proceso, Labán le cambió el salario a Jacob diez veces y trató de engañarlo de muchas maneras. Sin embargo, Dios siempre estaba detrás de la escena guardando la promesa dada a Jacob.

Finalmente, cuando Jacob se preparaba para partir, Labán trató de sobornarlo para que se quedara, ofreciéndole pagar la suma que Jacob pusiera. Jacob respondió que el único salario que quería eran las ovejas y cabras manchadas y salpicadas de color, como así también los corderos negros. Labán aceptó inmediatamente. Entonces se apuró a poner todos los animales que entraran en esa descripción al cuidado de sus hijos, a los cuales envió lejos, como a tres días de camino. Parecía que Labán había engañado a Jacob una vez más.

Tomó luego Jacob varas verdes de álamo, de avellano y de castaño, y descortezó en ellas mondaduras blancas, descubriendo así lo blanco de las varas. Y puso las varas que había mondado delante del ganado, en los canales de los abrevaderos del agua donde venían a beber las ovejas, las cuales procreaban cuando venían a beber. Así concebían las ovejas delante de las varas; y parían borregos listados, pintados y salpicados de diversos colores. Y apartaba Jacob los corderos, y ponía con su propio rebaño los listados y todo lo que era oscuro del hato de Labán. Y ponía su hato aparte, y no lo ponía con las ovejas de Labán. Y sucedía que cuantas veces se hallaban en celo las ovejas más fuertes, Jacob ponía las varas delante de las ovejas en los abrevaderos, para que concibiesen a la vista de las varas. Pero cuando venían las ovejas más débiles, no las ponía; así eran las más débiles para Labán, y las más fuertes para Jacob. Y se enriqueció el varón muchísimo, y tuvo muchas ovejas, y siervas y siervos, y camellos y asnos (Génesis 30:37-43).

Jacob tomó varas frescas de álamo y avellano (el árbol simboliza la autoridad), los descortezó formando rayas blancas, y los depositó cerca de los bebederos de las ovejas y las cabras. Cuando los animales venían a beber, ellos se apareaban (símbolo de intimidad) en frente de las varas descortezadas. Las crías resultantes salían manchadas y listadas. Jacob hacía esto solo cuando los animales fuertes se apareaban. Acabó teniendo los rebaños más saludables, mientras que los de Labán eran los más débiles.

Jacob prosperó grandemente a causa de las ovejas y las cabras que habían nacido de la manera indicada. Obtuvo el resultado deseado porque había una visión frente a sus ojos. Esto ilustra el principio de que *la visión es el poder que sustenta.* ¡Lo que tengamos en frente de nuestros ojos es lo que determinará nuestro resultado!

LA VISIÓN QUE SUSTENTÓ A ZACARÍAS

Al igual que los libros de Daniel y Apocalipsis, el libro de Zacarías contiene muchas visiones e imágenes apocalípticas. Zacarías era un profeta visionario cuyas visiones se referían específicamente al tiempo después del exilio babilónico y el comienzo del período mesiánico en la historia de Israel.

Una de las visiones de Zacarías es el contexto para uno de los versículos más citados del Antiguo Testamento:

Volvió el ángel que hablaba conmigo, y me despertó, como un hombre que es despertado de su sueño. Y me dijo: ¿Qué ves? Y respondí: He mirado, y he aquí un candelabro todo de oro, con un depósito encima, y sus siete lámparas encima del candelabro, y siete tubos para las lámparas que están encima de él; y junto a él dos olivos, el uno a la derecha del depósito, y el otro a su izquierda. Proseguí y hablé, diciendo a aquel ángel que hablaba conmigo: ¿Qué es esto, señor mío? Y el ángel que hablaba conmigo respondió y me dijo: ¿No sabes qué es esto? Y dije: No, señor mío. Entonces respondió y me habló diciendo: Esta es palabra de Jehová a Zorobabel, que dice: No con ejército, ni con fuerza, sino con mi Espíritu, ha dicho Jehová de los ejércitos. ¿Quién eres tú, oh gran monte? Delante de Zorobabel serás reducido a llanura; él sacará la primera piedra con aclamaciones de: Gracia, gracia a ella (Zacarías 4:1-7).

Un ángel vino y despertó a Zacarías de su sueño profundo. ¿Alguna vez se despertó en medio de la noche y sintió como si una presencia espiritual estuviera en la habitación? Quizás haya sentido la presencia de Dios, o su santidad, o simplemente una conciencia de que Dios estaba allí. Debe haber sido lo mismo que le sucedió a Zacarías. Uno de los *"espíritus ministradores de Dios"* (Hebreos 1:14) lo despertó para mostrarle la visión y explicarle su significado. Es la misma manera en que Dios actúa con muchas de sus vasijas videntes de hoy.

En su visión Zacarías vio un candelabro de oro con dos olivos a cada lado. Su primera reacción fue muy inteligente. Le preguntó al ángel: *"¿Qué es esto, señor mío?"* Hacer una pregunta es un buen curso de acción cuando ocurre una revelación visionaria ocurre. Esta es una lección que aprendí de Zacarías. No importa lo que vea o cuántas veces lo haya visto antes, siempre pregunto: *"¿Qué es eso, Señor?"* Tengo confianza que el mismo Dios que me mostró la visión es el que me dará la interpretación.

Aún cuando el ángel le preguntó específicamente: *"¿No sabes qué es esto?"*, Zacarías le respondió con humildad: *"No, señor mío"*. Si Zacarías no hubiera respondido con humildad y apertura de corazón, probablemente no hubiera sacado mucho en limpio de aquella situación. Las personas que creen saberlo todo, no hacen nada más que impedirse a sí mismos aprender cosas nuevas.

Hace algunos años, cuando era joven en estos caminos del Señor, yo y algunos otros conmigo, pasábamos tiempo en la casa del vidente Bob Jones. Él nos contaba algunas cosas raras e interesantes que había "visto". Pero al final siempre nos hacía la misma pregunta: *"¿Lo entendieron?"*, ponía su semblante impasible y esperaba la respuesta. Nosotros asentíamos con un movimiento de cabeza y decíamos: "Sí, ¡por supuesto que lo entendimos!" Después, al regresar en nuestros automóviles, charlábamos entre nosotros y nos preguntábamos: *"¿Vos lo entendiste?"* Sé que me perdí de aprender un montón de cosas por no tener la humildad de decir que no. ¡Pero he cambiado! Ahora respondo más como Zacarías. Finalmente, la visión dada a Zacarías tenía que ver con un mensaje para Zorobabel, el oficial civil a cargo del remanente de exiliados bajo cuyo liderazgo el templo de Jerusalén sería reconstruido. La palabra del Señor a Zorobabel era: "No por fuerza, sino por mi Espíritu". Era un aliento para él y para todos los exiliados que una nueva era estaba comenzando. Una era caracterizada por el obrar del Espíritu de Dios en poder, y el día de la llegada del Mesías.

Una nueva etapa del Espíritu estaba a las puertas. Esa era la visión que sustentaba a Zacarías y, por extensión, a Zorobabel y a todo el remanente del cautiverio. Esa visión los animaba y motivaba a reconstruir el templo de Jerusalén y también los muros de la ciudad y la ciudad misma, que había sido destruida por los caldeos. La visión puede sostener a un pueblo, y la humildad es la clave que libera el entendimiento.

LA VISIÓN QUE SUSTENTÓ A DANIEL

Daniel era un profeta que regularmente se movía en el plano de las visiones. Esencialmente, las visiones pueden ser clasificadas en dos categorías: *internas* y *externas*. Una visión interna es lo que a veces llamamos "impresión" o "imagen mental". Vemos la imagen con el ojo de nuestra mente, pero la imagen misma viene del Señor. Una visión externa es lo que llamamos "una visión abierta", donde vemos la visión con nuestro ojo natural, pero frecuentemente superpuesta a lo que ocurre a nuestro alrededor en el mundo natural. Daniel se movía con ambas.

En el séptimo capítulo del libro que lleva su nombre, el profeta registra un resumen de una visión gráfica y poderosa que él recibió cuando estaba una noche en la cama:

> Daniel dijo: *Miraba yo en mi visión de noche, y he aquí que los cuatro vientos del cielo combatían en el gran mar. Y cuatro bestias grandes, diferentes la una de la otra, subían del mar. La primera era como león, y tenía alas de águila. Yo estaba mirando hasta que sus alas fueron arrancadas, y fue levantada del suelo y se puso enhiesta sobre los pies a manera de hombre, y le fue dado corazón de hombre* (Daniel 7:2-4).

Estos versículos contienen dos frases importantes que nos ayudan a comprender el éxito de Daniel como profeta: *"Miraba yo"* y *"Estaba mirando hasta que"*. Tan pronto como la visión comenzó, Daniel miró buscando su significado y siguió mirando hasta el final. Uno de los peligros

Visión: el poder que sustenta

de los cuales me conciencié al avanzar en mi trayectoria con lo profético, es lo que llamo "fijación de la revelación": impresionarnos tanto con lo que estamos viendo, que dejamos de mirar. Nos compenetramos tanto en las imágenes en sí mismas, que dejamos de mirar y no avanzamos hacia el significado. Es como si pensáramos que la visión es un fin en sí misma y no un instrumento a través del cual Dios quiere enseñarnos algo. Daniel no se dejó atrapar por la fijación de la visión. A través de todo el curso de la revelación dice: "Seguí mirando". Estaba determinado a permanecer alerta hasta el final, para entender por completo lo que Dios le mostraba.

En su visión Daniel vio una sucesión de cuatro bestias levantarse del mar. La primera era como un león con alas de águila. Las alas fueron arrancadas, el león se paró sobre sus dos pies como un hombre, y le fue dada una mente humana. Enseguida vino una bestia como un oso, a quien le fue dada la orden de "devorar mucha carne". La tercera bestia era un leopardo con cuatro alas de ave y cuatro cabezas, y le fue dado dominio. Daniel "siguió mirando" y vio a la cuarta bestia, *"espantosa y terrible, y en gran manera fuerte, la cual tenía unos dientes grandes de hierro; devoraba y desmenuzaba, y las sobras hollaba con sus pies"* (Daniel 7:7b). Además, tenía diez cuernos. Mientras Daniel continuaba mirando, otro cuerno pequeño creció y arrancó tres de los cuernos anteriores y tomó su lugar. Este cuerno *"tenía ojos como de hombre, y una boca que hablaba grandes cosas"* (Daniel 7:8b).

Lo que Daniel presenciaba aquí era un resurgimiento de las fuerzas del mal. Él no dejó el asunto allí, sino que siguió mirando hasta que la visión finalizara. Porque la visión es lo que sustenta al pueblo, Daniel quería seguir mirando más allá del despliegue del mal, para ver la respuesta del Señor ante aquello. Y no fue defraudado:

> *Estuve mirando hasta que fueron puestos tronos, y se sentó un Anciano de días, cuyo vestido era blanco como la nieve, y el pelo de su cabeza como lana limpia; su trono llama de fuego, y las ruedas del mismo, fuego ardiente. Un río de fuego procedía y salía de delante de el; millares de millares le servían, y millones de millones asistían delante de el; el Juez se sentó, y los libros fueron abiertos. Yo entonces miraba a causa del sonido de las grandes palabras que hablaba el cuerno; miraba hasta que mataron a la bestia, y su cuerpo fue destrozado y entregado para ser quemado en el fuego. Habían también quitado a las otras bestias su dominio, pero les había sido prolongada la vida hasta cierto tiempo.*

> Miraba yo en la visión de la noche, y he aquí con las nubes del cielo venía uno como un hijo de hombre, que vino hasta el Anciano de días, y le hicieron acercarse delante de él. Y le fue dado dominio, gloria y reino, para que todos los pueblos, naciones y lenguas le sirvieran; su dominio es dominio eterno, que nunca pasará, y su reino uno que no será destruido (Daniel 7:9-14).

Sin dejarse impresionar por la visión de lo que el mal iba a hacer, Daniel siguió mirando para ver algo mayor, una revelación superior. Él no cedió a la tentación de la fijación de la revelación. Daniel no paró de mirar hasta que tuvo la visión del Hijo del Hombre y su reino extendiéndose sobre toda la tierra.

Como Daniel, nosotros también vivimos en un tiempo en donde el mal ha resurgido, es por eso que necesitamos una visión que nos sustente como pueblo. Una visión que nos muestre claramente cómo las promesas de Dios son mayores que todo el poder del diablo. Seamos entonces un pueblo de visión que no perece, sino que camina en la búsqueda apasionada del Señor. También seamos capaces de sostener delante de nuestros ojos una visión consumidora del Hijo del Hombre y el Anciano de días sentado sobre su trono. Mantener nuestra visión en el Señor clara delante de nosotros, nos sostendrá en las muchas pruebas de nuestra vida y ministerio.

BUSCANDO LA VISIÓN QUE NOS SUSTENTA

A través de los años me he convencido de que en la vida cristiana hay al menos dos cosas ciertas: Dios *nunca* cambia, y nosotros *siempre* cambiamos. Nuestra vida como cristianos es una transición continua de un lugar a otro, de un nivel a otro, de una comprensión a otra. El propósito de la luz espiritual es conducirnos al cambio y al crecimiento. Cuanta más luz tenemos, más cambios experimentamos; y cuanto más cambiamos (para mejor), más somos llevados a nuevos niveles de gloria. A menos que vivamos en constante transición, nos detendremos en algún lugar y allí nos asentaremos. La vida cristiana es una vida sin fronteras. Dios no nos llamó para acampar en un lugar, sino para ser peregrinos.

Este es el punto que Pablo enfatiza en su primer capítulo de Efesios:

> *Para que el Dios de nuestro Señor Jesucristo, el Padre de gloria, os dé espíritu de sabiduría y de revelación en el conocimiento de él, alumbrando los ojos de vuestro entendimiento, para que sepáis cuál es la*

Visión: el poder que sustenta

esperanza a que él os ha llamado, y cuáles las riquezas de la gloria de su herencia en los santos, y cuál la supereminente grandeza de su poder para con nosotros los que creemos (Efesios 1:17-19a).

Cuanta más iluminación tengamos, más abiertos estaremos a recibir sabiduría y revelación, y podremos desarrollar un entendimiento mayor acerca de la esperanza de su llamado, de la gloria de su herencia y de la supereminente grandeza de su poder, así de cómo se aplica a nuestras vidas.

Cierta vez, hace algunos años, estaba en un tiempo de transición turbulento y buscaba la guía del Señor. Diferentes voces y personas me hablaban, queriendo que me uniera a su equipo o hiciera tal o cual ministerio. Estaba sumamente confundido. Simplemente, no sabía qué era lo que el Señor quería que hiciera.

Una mañana en que me había levantado temprano para buscar al Señor, tuve una experiencia inolvidable. Aunque me encantan las experiencias, no baso mi vida sobre ellas. Mi vida está basada en la Palabra de Dios, en la oración y en Jesús, la roca de mi salvación. Las experiencias son simplemente la cobertura de la torta, ¡pero qué deliciosa cobertura!

Mientras oraba en el sofá esa mañana, miraba a través del vidrio de la puerta corrediza cómo el sol se filtraba. Por un breve momento, un rayo de sol que pasaba a través de la persiana me golpeó la frente, y un pensamiento vino a mi mente: "Te daré un haz de luz de revelación". En ese momento toda mi confusión se disipó. No vi nada ni tuve ningún conocimiento interior de cuál iba a ser mi decisión. Mi espíritu simplemente descansó en la confianza de que el Señor me lo estaba revelando.

¿Cuál es la esperanza del llamado del Señor en su vida? Pídale a Él que le dé una visión de ella, y no pare hasta conseguirla. Siga mirando hasta que la vea. No busque solo un proyecto, o algo para hacer; ¡busque una visión *de Él*! Ore para que los ojos de su corazón sean iluminados y su visión espiritual sea realzada. Pida que un rayo de luz de la revelación de Dios penetre en su espíritu para que pueda conocer la esperanza y la expectación de lo bueno para su vida. Recuerde que lo que tenga en frente de sus ojos es en lo que se convertirá. Presente sus ojos, su mente, su corazón –su ser por entero– al Señor, y pídale que le conceda el espíritu de revelación. *Pídale a Él la visión que lo sustentará.*

Capítulo 4

La diversidad de los estados visionarios

Hay un solo Espíritu Santo, pero Él obra en una multiplicidad de formas diferentes. Hay muchos dones espirituales, pero un solo dador de los dones: el Espíritu Santo de Dios. La unción profética se manifiesta de diferentes maneras, pero todas ellas derivan del mismo Espíritu. Como Pablo les escribió a los corintios:

Ahora bien, hay diversidad de dones, pero el Espíritu es el mismo. Y hay diversidad de ministerios, pero el Señor es el mismo. Y hay diversidad de operaciones, pero Dios, que hace todas las cosas en todos, es el mismo. Pero a cada uno le es dada la manifestación del Espíritu para provecho. Porque a éste es dada por el Espíritu palabra de sabiduría; a otro, palabra de ciencia según el mismo Espíritu; a otro, fe por el mismo Espíritu; y a otro, dones de sanidades por el mismo Espíritu. A otro, el hacer milagros; a otro, profecía; a otro, discernimiento de espíritus; a otro, diversos géneros de lenguas; y a otro, interpretación de lenguas. Pero todas estas cosas las hace uno y el mismo Espíritu, repartiendo a cada uno en particular como él quiere (1 Corintios 12:4-11).

Esta misma diversidad del mismo Espíritu se aplica también a los estados y las experiencias visionarias. De hecho, el Antiguo Testamento usa una variedad de palabras griegas para expresar diferentes estados visionarios. Ninguno de esos estados es "superior" o "mejor" que ninguno de los otros. Simplemente son diferentes, y el Espíritu Santo los usa con distintas personas para distintos propósitos.

Echemos una mirada más de cerca sobre algunos de estos estados visionarios. Examinar cada uno de ellos nos brindará una mayor comprensión y apreciación, por la amplia diversidad de esta forma de unción profética del vidente. Investiguemos ocho palabras que nos desplegarán ocho expresiones complementarias.

1. ONAR

Es la palabra griega comúnmente usada para "sueño". Se refiere simplemente a la clase de sueños que todos tenemos cuando dormimos. Los sueños de todos los días son visionarios por naturaleza, ya que nuestras mentes generan imágenes que "vemos" mientras estamos dormidos. Como La Biblia muestra claramente, Dios puede y usa estos sueños comunes para comunicarse con la gente común. Veamos tres ejemplos.

Según Mateo, Dios le habló a José, el padre terrenal de Jesús, a través de sueños, no una, sino tres veces:

> *Y pensando él en esto, he aquí un ángel del Señor le apareció en sueños y le dijo: José, hijo de David, no temas recibir a María tu mujer, porque lo que en ella es engendrado, del Espíritu Santo es. Y despertando José del sueño, hizo como el ángel del Señor le había mandado, y recibió a su mujer. Pero no la conoció hasta que dio a luz a su hijo primogénito; y le puso por nombre JESÚS* (Mateo 1:20; 24-25).
>
> *Después que partieron ellos, he aquí un ángel del Señor apareció en sueños a José y dijo: Levántate y toma al niño y a su madre, y huye a Egipto, y permanece allá hasta que yo te diga; porque acontecerá que Herodes buscará al niño para matarlo. Y él, despertando, tomó de noche al niño y a su madre, y se fue a Egipto* (Mateo 2:13-14).
>
> *Pero después de muerto Herodes, he aquí un ángel del Señor apareció en sueños a José en Egipto, diciendo: Levántate, toma al niño y a su madre, y vete a tierra de Israel, porque han muerto los que procuraban la muerte del niño. Entonces él se levantó, y tomó al niño y a su madre, y vino a tierra de Israel* (Mateo 2:19-21).

Note en estas ocasiones que aunque José experimentaba sueños durante su descanso, reconocía que provenían del Señor y rápidamente obedecía su mensaje.

Luego de hallar y alabar al niño Jesús en Belén, los sabios de Oriente también recibieron una palabra del Señor a través de un sueño común:

> *Pero siendo avisados por revelación en sueños que no volviesen a Herodes, regresaron a su tierra por otro camino* (Mateo 2:12).

En este caso, había un sueño común con un elemento aparentemente fuera de lo común: ¡todos los sabios tuvieron el mismo sueño! Oremos para que eso ocurra también hoy.

La diversidad de los estados visionarios

En ocasiones, Dios hasta les habla a los no creyentes a través de un sueño:

> Y estando él sentado en el tribunal, su mujer le mandó decir: No tengas nada que ver con ese justo; porque hoy he padecido mucho en sueños por causa de él (Mateo 27:19).

Poncio Pilato estaba juzgando a Jesús cuando su propia esposa le advirtió acerca de quién era Él, por un sueño, que la había turbado toda la noche anterior. Aquí hay una evidencia bíblica de Dios "pasando información secreta" en forma de un sueño de advertencia a un incrédulo, una mujer que ni siquiera era parte del pueblo del pacto. El Señor es absolutamente soberano, y puede hablarle a quien quiera, de la manera que quiera, cuantas veces quiera. Muchas veces lo hace a través de un sueño común, un *onar*.

2. ENUPNION

Como *onar*, la palabra *enupnion* se refiere a una visión o un sueño recibido mientras se está durmiendo. La diferencia con *enupnion* es que interviene un factor sorpresa en el sueño. Un ejemplo de esta palabra se halla en el libro de Judas:

> No obstante, de la misma manera también estos soñadores [enupnion] mancillan la carne, rechazan la autoridad y blasfeman de las potestades superiores. Pero cuando el arcángel Miguel contendía con el diablo, disputando con él por el cuerpo de Moisés, no se atrevió a proferir juicio de maldición contra él, sino que dijo: El Señor te reprenda (Judas 8-9).

La frase *"estos soñadores"* se refiere a cierta clase de hombres impíos, que han *"entrado encubiertamente"* (v. 4) buscando corromper a la Iglesia y negar a Cristo. En el contexto, Judas los compara a los ángeles que se rebelaron contra Dios y al pueblo de Sodoma y Gomorra, que fueron destruidos a causa de su gran pecado e inmoralidad. De la misma manera *"estos soñadores"* en Judas 8 se han volcado a sueños sensuales que corrompen la carne y, tal como Sodoma y Gomorra, se disponen para una repentina y asombrosa sorpresa cuando el juicio de Dios caiga sobre ellos.

Otro ejemplo de la palabra *enupnion* se encuentra en el segundo capítulo de Hechos:

El vidente

Y en los postreros días, dice Dios, derramaré de mi Espíritu sobre toda carne, y vuestros hijos y vuestras hijas profetizarán; vuestros jóvenes verán visiones, y vuestros ancianos soñarán [enupnion] *sueños* (Hechos 2:17).

Literalmente, la frase *"soñarán sueños"* significa: "Serán dados a soñar sueños". Esta es la clase de sueños que realmente se pega a uno aún después de despertarse. Algo acerca de ese sueño lo sobresalta y pone sus sentidos alerta, quizás un elemento sorpresa que le hace recordarlo vívidamente.

He tenido varias veces esa clase de encuentros. Una vez, mientras me hallaba ministrando en la Argentina, soñé que un ángel estaba en mi cuarto. En medio de la noche me desperté de repente y encontré mi habitación permeada por una atmósfera de asombro, sorpresa y pavor. Antes que supiera qué era lo que ocurría, fui catapultado a una visión abierta de un ángel parado al borde de mi cama, que me declaraba: "¡Agarra el momento!" Inmediatamente me encontré sobrenaturalmente lleno de la energía de Dios y del poder para cumplir mi compromiso ministerial. Sí, a veces un "elemento sorpresa" es soltado en estos encuentros visionarios. Atención: esté preparado o no, ¡Él viene!

3. HORAMA

Horama es otro término general para visión, que significa: "Lo que es visto". Lleva consigo el sentido particular de un "espectáculo, vista o apariencia". Los ejemplos del Nuevo Testamento comúnmente asocian esta palabra con *despertar visiones*.

Mateo usa *horama* para describir la visión que Pedro, Juan y Jacobo tuvieron en la transfiguración de Jesús:

Cuando descendieron del monte, Jesús les mandó, diciendo: No digáis a nadie la visión [horama], *hasta que el Hijo del Hombre resucite de los muertos* (Mateo 17:15).

En el libro de los Hechos, Ananías recibió instrucciones a través de una visión *horama* para ir hasta donde Saulo estaba. El Señor usó los mismos medios para hacerle saber a Saulo que Ananías estaba en camino:

Había entonces en Damasco un discípulo llamado Ananías, a quien el Señor dijo en visión [horama]: *Ananías. Y él respondió: Heme aquí,*

Señor. Y el Señor le dijo: Levántate, y ve a la calle que se llama Derecha, y busca en casa de Judas a uno llamado Saulo, de Tarso; porque he aquí, él ora, y ha visto en visión [horama] a un varón llamado Ananías, que entra y le pone las manos encima para que recobre la vista (Hechos 9:10-12).

El décimo capítulo de Hechos nos cuenta la historia de Cornelio, el centurión romano, y Simón Pedro, y cómo el Señor usó visiones para reunir a los dos hombres. Cornelio, un hombre temeroso de Dios, estaba orando cierto día cuando un ángel se le apareció:

Este vio claramente en una visión [horama], como a la hora novena del día, que un ángel de Dios entraba donde él estaba, y le decía: Cornelio. Él, mirándole fijamente, y atemorizado, dijo: ¿Qué es, Señor? Y le dijo: Tus oraciones y tus limosnas han subido para memoria delante de Dios (Hechos 10:3-4).

Siguiendo las instrucciones del ángel, Cornelio envió a buscar a Simón Pedro, que estaba en Jope. Al día siguiente, mientras Pedro estaba en el techo de la casa donde estaba parando, tuvo una visión (Hechos 10:9-16). En estos versículos la palabra griega usada para describir la visión de Pedro es *ekstasis*, que significa "trance" (ver más adelante). Al final, cuando Pedro trata de entender lo que ha visto, la palabra *horama* es usada. Mientras Pedro medita en el significado de la visión, los siervos de Cornelio llegaron.

Y mientras Pedro pensaba en la visión [horama], le dijo el Espíritu: He aquí, tres hombres te buscan. Levántate, pues, y desciende y no dudes de ir con ellos, porque yo los he enviado (Hechos 10:19-20).

El apóstol Pablo no era ajeno a las visiones. Hubo tiempos en los que Pablo recibió instrucciones para su ministerio en un estado visionario. Un ejemplo tal llevó el evangelio a Europa del este por primera vez:

Y se le mostró a Pablo una visión [horama] de noche: un varón macedonio estaba en pie, rogándole y diciendo: Pasa a Macedonia y ayúdanos. Cuando vio la visión [horama], en seguida procuramos partir para Macedonia, dando por cierto que Dios nos llamaba para que les anunciásemos el evangelio (Hechos 16:9-10).

En otra ocasión Dios usó una visión para animar a Pablo y para instruirle a detenerse en la ciudad de Corinto y predicar por un tiempo:

> *Entonces el Señor dijo a Pablo en visión* [horama] *de noche: No temas, sino habla, y no calles; porque yo estoy contigo, y ninguno pondrá sobre ti la mano para hacerte mal, porque yo tengo mucho pueblo en esta ciudad. Y se detuvo allí un año y seis meses, enseñándoles la palabra de Dios* (Hechos 18:9-11).

Usted también puede ser un candidato para visiones *horama*. Solo dígale al Señor su deseo de ser una persona que recibe el espíritu de revelación y ve visiones. Está en su Palabra. Es para hoy. ¡Está allí para el que lo solicite!

4. HORASIS

Esta palabra, la cual se usa solo dos veces en el Nuevo Testamento griego, se refiere a la vista o visión tanto en un sentido interno como externo. El lenguaje griego no hace distinción entre la percepción del ojo físico y el no físico; tanto la visión interna como la externa son consideradas percepciones igualmente genuinas.

Todos tenemos dos pares de ojos: nuestros ojos naturales o físicos y los "ojos" de nuestro corazón, con los cuales vemos en el mundo espiritual. A este segundo par de ojos se refería Pablo en Efesios 1:18, cuando dijo: *"Alumbrando los ojos de vuestro entendimiento..."* Éstos son los "ojos" a través de los cuales vemos y entendemos las verdades espirituales. La Biblia dice que nuestro cuerpo es templo del Espíritu Santo. Todos los templos tienen puertas y ventanas. Cuando el Señor viene a habitar en nuestro "templo", le gusta asomarse y mirar por sus "ventanas". Nuestros ojos –físicos y espirituales– son las ventanas de nuestra alma.

La primera vez que aparece *horasis* en el Nuevo Testamento se encuentra en Hechos 2:17, en la frase: *"...vuestros jóvenes verán visiones..."*

Apocalipsis 4:3 contiene el otro ejemplo de esta palabra griega: *"Y el aspecto del que estaba sentado* [horasis] *era semejante a piedra de jaspe y de cornalina; y había alrededor del trono un arco iris, semejante en aspecto a la esmeralda"*. En este caso, la palabra es usada en su sentido externo de aspecto o apariencia.

Dicho simplemente, una visión –una *horasis*– ocurre cuando el Espíritu que vive dentro de nosotros mira a través de las "ventanas" de nuestros ojos y nos permite ver lo que Él ve. ¿Estamos viendo lo natural o lo espiritual? A veces es difícil de distinguir; a veces la respuesta es *ambas*.

La diversidad de los estados visionarios

Cuando nuestros ojos espirituales están abiertos, a veces nuestros ojos naturales pueden ver el reino espiritual. Podemos ver imágenes duales, como visiones espirituales superpuestas sobre el cuadro o las imágenes que vemos con nuestros ojos físicos.

Hace unos años, cuando vivía en otra casa, estaba parado en el patio trasero de nuestro hogar mirando a los niños jugar en las hamacas. Al costado de las hamacas había un pequeño tobogán. Mientras permanecí mirando a mis niños, mis ojos espirituales se abrieron por unos instantes. Aunque continué viendo las imágenes de las hamacas, mis niños y el tobogán en el plano natural, con mi vista espiritual comencé a ver una pequeña pileta de natación circular al pie del tobogán. Mientras miraba, un hombre adulto se deslizó por el tobogán y cayó de cabeza en la piscina.

Mi primera reacción fue preguntar: "¿Qué es eso?" Para mi asombro, la respuesta vino inmediatamente. Oí una voz que habló a mi espíritu: "Voy a restaurar al hombre caído a la pileta de mi propósito". Supe que el Espíritu Santo me había dado la interpretación de la visión. Fue muy alentador para mí. En esos años yo había usado esa frase muchas veces en intercesión, clamando para que el hombre caído fuera restaurado a los propósitos de Dios. Esa revelación vino a mí a través de una visión *horasis*, en la cual yo veía con mis ojos naturales y con los espirituales simultáneamente.

5. OPTASIA

Otro estado visionario que se encuentra en el Nuevo Testamento se denota por la palabra *optasia*: literalmente significa: "Visualidad", o en forma concreta "aparición". *Optasia* tiene la connotación específica de un autodescubrirse o dejarse ver por otros. La palabra aparece tres veces en el Nuevo Testamento, siempre en el contexto de alguien viendo un personaje divino o espiritual.

Por ejemplo, en el primer capítulo de Lucas, el sacerdote Zacarías tiene una visión del arcángel Gabriel mientras llevaba a cabo las tareas del templo. Gabriel le informa a Zacarías que él y su esposa Elizabet tendrán un hijo, a quien debían llamar Juan. Su hijo crecería hasta convertirse en Juan el Bautista. Como Zacarías tuvo dificultad en creerle a Gabriel, el ángel le dijo que no podría hablar hasta que lo dicho sucediera. Sin duda, Zacarías fue profundamente conmovido por esta visión:

> Pero cuando salió, no podía hablar; y comprendieron que había visto visión [optasia] *en el santuario. Él les hablaba por señas, y permaneció mudo* (Lucas 1:22).

El vidente

La segunda vez que se usa *optasia* es en conexión con el relato de Lucas sobre la resurrección de Jesús. Dos de sus discípulos estaban en el camino a Emaús, conversando con el recientemente resucitado Jesús. Ellos no lo reconocieron. Uno le dijo:

Aunque también nos han asombrado unas mujeres de entre nosotros, las que antes del día fueron al sepulcro; y como no hallaron su cuerpo, vinieron diciendo que también habían visto visión [optasia] *de ángeles, quienes dijeron que él vive* (Lucas 24:22-23).

Pablo también usó *optasia* en el capítulo 12 de la segunda carta a los Corintios, para describir en tercera persona un encuentro visionario que había tenido:

Ciertamente no me conviene gloriarme; pero vendré a las visiones [optasia] *y a las revelaciones del Señor. Conozco a un hombre en Cristo, que hace catorce años (si en el cuerpo, no lo sé; si fuera del cuerpo, no lo sé; Dios lo sabe) fue arrebatado hasta el tercer cielo. Y conozco al tal hombre (si en el cuerpo, o fuera del cuerpo, no lo sé; Dios lo sabe), que fue arrebatado al paraíso, donde oyó palabras inefables que no le es dado al hombre expresar* (vv. 12:1-4).

La descripción de Pablo revela otra dimensión de *optasia*. La visión no solo consiste en ver un personaje divino o angelical. La persona que experimenta la visión puede también verse a sí misma participando en ella, desde la perspectiva de una tercera persona. Este es el aspecto de autodescubrirse o mostrarse, que abarca el tipo de visión *optasia*.

Luego de que mi padre, Wayne Goll, partiera para ir con el Señor, yo estaba ministrando en Atlanta, Georgia, en una conferencia profética. Esa noche había hablado de "Porteros de su presencia". Al cierre del servicio caí de rodillas en la plataforma, sobrecogido por la belleza del Señor. Mucha gente estaba postrada buscando el rostro del Señor.

De repente, mientras lloraba abiertamente, vi una imagen externa del rostro de mi padre que me miraba. Estaba aturdido por la visión que veía. Continué llorando y el Espíritu Santo me dijo: "Tengo una palabra para darte de tu padre". De nuevo, el semblante de mi padre apareció justo en frente de mí. Él había fallecido de una enfermedad que lo había consumido sin dejar rastro del hombre fuerte que una vez había sido. En esta visión de ojos abiertos, él aparecía sanado, fuerte y vibrante. Entonces escuché estas palabras habladas directamente a mi corazón por segunda vez: "Tengo una palabra para darte de tu padre". Palabras simples y claras vinieron mientras yo seguía viendo la cara sonriente de mi padre: "¡Ahora te entiendo!" La sanidad fluyó por mi interior. ¡Qué experiencia! ¡Qué bendición! Tocó profundamente mi corazón en una manera que sólo Dios podía hacerlo. ¡Qué Dios tan personal!

6. EKSTASIS

Ahora llegamos a la palabra *ekstasis*, de donde deriva la palabra castellana: éxtasis. *Ekstasis* se usa siete veces en el Nuevo Testamento y, dependiendo de cómo es utilizada, significa: asombro, sorpresa o trance. Literalmente, *ekstasis* significa: "Desplazamiento de la mente" o "perplejidad". Cuando se traduce como "trance", *ekstasis* se refiere a ser tomado cautivo en el Espíritu para recibir una revelación de Dios. Es muy similar al estado al que Juan se refiere en Apocalipsis 1:10, cuando dice: *"Yo estaba en el Espíritu en el día del Señor, y oí detrás de mí una gran voz como de trompeta"*.

Un buen ejemplo del primer significado de *ekstasis* se encuentra en Lucas 5:26: *"Y todos, sobrecogidos de asombro [ekstasis], glorificaban a Dios; y llenos de temor, decían: Hoy hemos visto maravillas"*. Este versículo describe la respuesta de la multitud que veía cómo Jesús sanó al paralítico, cuyos amigos lo habían bajado por el techo para acercarlo a Él.

El tercer capítulo de Hechos registra un caso similar cuando Pedro sanó al mendigo que había nacido cojo: *"Y todo el pueblo le vio andar y alabar a Dios. Y le reconocían que era el que se sentaba a pedir limosna a la puerta del templo, la Hermosa; y se llenaron de asombro y espanto [ekstasis] por lo que le había sucedido"* (Hechos 3:9-10).

En ambos casos el pueblo que era testigo de esos milagros estaba tan asombrado, que fue subyugado en una clase de experiencia extática.

En la mañana de la resurrección de Jesús, tres de las mujeres que lo habían seguido fueron a la tumba para ungir su cuerpo. En vez de ello, encontraron la tumba vacía y a un ángel de Dios que les dijo que Él había resucitado de entre los muertos, y que lo encontrarían nuevamente en Galilea. ¿Cómo respondieron ellas a esta visitación angelical? *"Y ellas se fueron huyendo del sepulcro, porque les había tomado temblor y espanto [ekstasis]; ni decían nada a nadie, porque tenían miedo"* (Marcos 16:8).

Ekstasis también significa "trance", como en Hechos 10:10, cuando Pedro tuvo la visión en la terraza en Jope, antes de la visita a Cornelio: *"Y tuvo gran hambre, y quiso comer; pero mientras le preparaban algo, le*

El vidente

sobrevino un éxtasis [o trance] [ekstasis]". Algo similar le ocurrió a Pablo cuando estaba orando en el templo de Jerusalén: *"Y me aconteció, vuelto a Jerusalén, que orando en el templo me sobrevino un éxtasis [o trance] [ekstasis]. Y le vi que me decía: Date prisa, y sal prontamente de Jerusalén; porque no recibirán tu testimonio acerca de mí"* (Hechos 22.17-18).

Un trance es una forma de experiencia extática. En nuestro tiempo los trances han adquirido una mala fama por su asociación con el movimiento de la Nueva Era y el ocultismo. Las experiencias de Pedro y Pablo revelan que un trance, a pesar de no ser tan común como los otros tipos de estados visionarios, es de todos modos una forma igualmente bíblica que Dios puede elegir para impartir revelación a su pueblo. Trataré el tema de los trances en profundidad en el capítulo 9.

7. APOCALUPSIS

Con *apocalupsis*, llegamos a la palabra que con más frecuencia se usa en el Nuevo Testamento para describir un estado visionario. La palabra aparece unas 18 veces: una vez en Lucas, una vez en Apocalipsis, tres veces en 1 Pedro, y el resto en seis de las cartas de Pablo. Generalmente se traduce como "revelación". *Apocalupsis* significa, literalmente: "descubrir", una "aparición" o "venida", una "manifestación". Lleva específicamente el sentido de algo oculto que ahora ha sido descubierto o revelado.

Este sentido de la palabra es claro en el capítulo 16 de Romanos, en donde Pablo escribe:

> *Y al que puede confirmaros según mi evangelio y la predicación de Jesucristo, según la revelación* [apocalupsis] *del misterio que se ha mantenido oculto desde tiempos eternos, pero que ha sido manifestado ahora, y que por las Escrituras de los profetas, según el mandamiento del Dios eterno, se ha dado a conocer a todas las gentes para que obedezcan a la fe, al único y sabio Dios, sea gloria mediante Jesucristo para siempre. Amén* (vv. 25-27).

Pablo usa la misma palabra en Efesios 1:17, cuando ora para *"que el Dios de nuestro Señor Jesucristo, el Padre de gloria, os dé espíritu de sabiduría y de revelación [apocalupsis] en el conocimiento de Él"*.

En varias instancias *apocalupsis* aparece en conexión con la revelación o aparición de Cristo en su regreso. Pedro usa la palabra especialmente en este contexto:

La diversidad de los estados visionarios

En lo cual vosotros os alegráis, aunque ahora por un poco de tiempo, si es necesario, tengáis que ser afligidos en diversas pruebas, para que sometida a prueba vuestra fe, mucho más preciosa que el oro, el cual aunque perecedero se prueba con fuego, sea hallada en alabanza, gloria y honra cuando sea manifestado [apocalupsis] Jesucristo. Por tanto, ceñid los lomos de vuestro entendimiento, sed sobrios, y esperad por completo en la gracia que se os traerá cuando Jesucristo sea manifestado [apocalupsis] (1 Pedro 1:6-7, 13).

¿Alguna vez ha tenido la experiencia de sentir de pronto como si encendieran una pequeña luz adentro suyo? Usted puede no necesariamente tener una visión real, sino simplemente un sentido de que algo que no entendía, algo que estaba escondido de usted, ahora es revelado. Esta es una experiencia del tipo *apocalupsis*.

Por supuesto, el uso más familiar de la palabra *apocalupsis* está en Apocalipsis 1:1: *"La revelación [apocalupsis] de Jesucristo, que Dios le dio, para manifestar a sus siervos las cosas que deben suceder pronto; y la declaró enviándola por medio de su ángel a su siervo Juan"*. De allí es de donde deriva nuestro término "apocalipsis".

Por su asociación con el libro de ese mismo nombre, con todas sus descripciones gráficas del desastre y su imaginería simbólica, la palabra "apocalipsis" se ha vuelto para muchas personas una idea de eventos catastróficos, particularmente aquellos relacionados con el fin del mundo. Para muchas personas el libro de Apocalipsis está lleno de enigmas encriptados y misterios atormentadores difíciles de entender. Es importante, por tanto, recordar que "apocalipsis" o *apocalupsis* no significa "escondido" sino "revelación" o "quitar el velo". ¡Espere que el Espíritu Santo le revele misterios de la Palabra de Dios a través de encuentros sobrenaturales de tipo celestial!

8. EGENOMEHN EHN PNEUMATI

Finalmente, quiero examinar una frase griega que tiene enorme significancia para todo el espectro de los estados visionarios. Mencioné antes que Juan, el escritor del Apocalipsis, puede haber estado bajo un estado de trance —*ekstasis*— durante el tiempo en que recibió la visión del Señor. Sin embargo, Juan mismo no usa esa palabra para describir su estado; usa la frase *egenomehn ehn pneumati*, que significa: "Yo estaba en el Espíritu".

Yo Juan, vuestro hermano, y copartícipe vuestro en la tribulación, en el reino y en la paciencia de Jesucristo, estaba en la isla llamada

El vidente

Patmos, por causa de la palabra de Dios y el testimonio de Jesucristo. Yo estaba en el Espíritu [egenomehn ehn pneumati] en el día del Señor, y oí detrás de mí una gran voz como de trompeta (Apocalipsis 1:9-10).

La frase *egenomehn ehn pneumati* significa literalmente: "Volverse en el Espíritu", un estado en el cual uno puede ver visiones y ser informado o hablado directamente por el Espíritu Santo. Allí está el secreto de cómo encontramos la revelación. ¿Cómo recibimos esa percepción? ¿Cómo vemos las visiones? Lo hacemos primeramente a través de "estar en el Espíritu". Cuanto más estamos y caminamos en el Espíritu, más vamos a ser uno con Él, y más nuestros ojos van a ser abiertos para ver "en el Espíritu". Él nos dará la percepción para mirar dentro del reino espiritual.

Lucas usa una frase similar cuando escribe:

Jesús, lleno del Espíritu Santo [pneunatos hagiou pleres], volvió del Jordán, y fue llevado por el Espíritu al desierto por cuarenta días, y era tentado por el diablo. Y no comió nada en aquellos días, pasados los cuales, tuvo hambre (Lucas 4:1-2).

Note que el Espíritu Santo *llevó* a Jesús al desierto, donde fue tentado por el diablo. Ese hecho nos abre por completo una nueva dimensión. El Espíritu puede traernos a una nueva dimensión espiritual con el propósito no solo ver los reinos celestiales, o discernir las intenciones y motivos que yacen en los corazones de las personas, sino también ver los dominios demoníacos que se preparan para la batalla.

Esto nos lleva a un principio que es sumamente importante para todos nosotros, sea que nos estemos movamos o no en una unción visionaria en particular: siempre debemos enfrentar al diablo en los términos y condiciones de Dios, no en los nuestros. Nunca debemos interactuar con el diablo en sus términos. Como siempre, Jesús es nuestro ejemplo. En el desierto estaba lleno del Espíritu; desde esa posición Jesús obtuvo la victoria sobre el diablo. La única manera en que podemos tener esperanzas de enfrentarnos con el diablo y salir triunfantes, es siendo llenos de y guiados por el Espíritu Santo. Esto significa que no debemos *buscar* el tener encuentros con el enemigo. A quien debemos buscar es a Dios. Si estamos fielmente deseando vivir para Cristo, esos encuentros vendrán a nosotros porque el diablo mismo nos buscará. Somos una amenaza para el reino de las tinieblas. Podemos entrar en el combate en la llenura y el poder del Espíritu, y entonces juntos venceremos al enemigo. Recuerde que la victoria: *"No con ejército ni con fuerza, sino con mi Espíritu, ha dicho Jehová de los ejércitos"* (Zacarías 4:6b). Llenos y guiados por el Espíritu tenemos el poder, tal como Jesús lo hizo, de encontrar y vencer al enemigo. Es solo bajo el paraguas de protección del Señor que estamos seguros. Note que cada uno de nosotros tenemos distintos dones y llamados en el Señor. Todos somos llamados a la batalla, pero solo algunos son realmente llamados como guerreros, con un don de fe u otra combinación de dones que los habilita para su tarea.

Cindy Jacobs, cofundadora de Generales de Intercesión y profeta del Señor, se mueve en el don de discernimiento de espíritus, que la capacita para distinguir espíritus malignos que obstruyen los propósitos de Dios, y también para sentir, ver o percibir la presencia celestial del Señor sobre una región. Personalmente, la he visto entrar en el Espíritu (*egenomehn ehn pneumati*) y ser usada por el Señor en esta maravillosa dimensión. Las fuerzas demoníacas retroceden cuando estas tinieblas temporales son penetradas por la luz de Dios.

Hay mucho para aprender de estas facetas y esferas de unción de revelación. Necesitamos sabiduría, iluminación y conocimiento del Espíritu Santo para juzgar sabiamente la revelación que recibimos. Él promete que nos la dará. ¡No nos dará experiencias o dones sin enseñarnos a usarlos!

SECCIÓN DOS

Discernimiento espiritual

Capítulo 5

Juzgando la revelación sabiamente

¿Qué pensaría usted si tuviera una experiencia espiritual que le hiciera poner los pelos de punta? ¿La tildaría enseguida de absolutamente satánica o la pondría "en penitencia contra la pared", solo porque no encaja con su teología? Muchas personas lo harían, y lo hacen. Los encuentros sobrenaturales son reales. La dimensión del vidente dentro del mundo espiritual no es algo relegado al ayer. ¡Existe hoy y está en alza! La pregunta a la que debemos responder es la siguiente: ¿Todos los encuentros de revelación proceden de Dios, o puede haber otras fuentes? ¿Cómo podemos decir cuál es la fuente o la naturaleza de los seres espirituales con los que nos encontramos? ¿Cuáles son las señales de una experiencia verdaderamente originada en Dios?

Hay solo una guía confiable sobre la cual podemos descansar en el campo minado de los encuentros sobrenaturales. En un mundo lleno de voces espirituales como la Nueva Era y todos los otros tipos de descripciones, los cristianos debemos saber cómo abrirnos paso a través de un campo espiritual sembrado con armas ocultas (y mortales) del enemigo, diseñadas para herir o destruir al incauto y al falto de discernimiento.

Sectores enteros del Cuerpo de Cristo han resistido los aspectos sobrenaturales del Reino de Dios y su obrar en la Iglesia hoy, a causa del temor a ser engañados o desviados por el enemigo. Otros los han rechazado debido al exceso, abuso y mal testimonio que han dejado los "llaneros solitarios" que no rendían cuentas a nadie en el Cuerpo de Cristo. Lo profético ha recibido un mal trato de tiempo en tiempo, pero algunos de los heridos se han autoinfligido los golpes. Aún así *Dios habla hoy* a su pueblo y es muy capaz de preservarnos del daño y el engaño.

[Jesús dijo] *Porque todo aquel que pide, recibe; y el que busca, halla; y al que llama, se le abrirá. ¿Qué padre de vosotros, si su hijo le pide pan, le dará una piedra? ¿o si pescado, en lugar de pescado, le dará una serpiente? ¿O si le pide un huevo, le dará un escorpión? Pues si vosotros, siendo malos, sabéis dar buenas dádivas a vuestros hijos, ¿cuánto más vuestro Padre celestial dará el Espíritu Santo a los que se lo pidan?* (Lucas 11:10-13).

¿Qué hay acerca de esto? ¿Podemos confiar en nuestro Padre? Créalo o no, Dios quiere que escuchemos su voz. ¡Aún más de lo que nosotros mismos deseamos oírla! Él es un Padre amoroso que da buenos regalos a sus hijos. ¿Cuál es el fundamento que cabe poner? ¡Péguese a Jesús, búsquelo y ámelo a Él! Déle todo a Él. Santiago 4:8a lo dice de esta manera: *"Acercaos a Dios, y él se acercará a vosotros".* Nunca podremos acentuar este punto de manera excesiva: cultive la intimidad con Dios a través de una relación con su Hijo unigénito, Jesucristo.

Dios es el Padre, y es confiable. Si le pedimos a Dios por las cosas del Espíritu Santo en el nombre de Jesús, Él nos dará lo justo, no una falsificación de lo real. Sin embargo, hay varios puntos que debemos considerar cuando nos acercamos a este tema tan valioso de juzgar la revelación sabiamente.

SEGURIDAD EN LA FAMILIA

Retrocedamos por un momento y reexaminemos algunas cosas básicas. Dios todavía habla hoy y lo hace de varias maneras, incluyendo visiones, sueños y visitaciones angelicales. Otra de esas maneras del Espíritu Santo es la llamada: "Percepciones internas". ¡Simplemente sabemos que sabemos que sabemos! También habla a través de su voz interna, su voz audible o externa, a través de la creación, y otras maneras y medios realmente increíbles. Pero nuestra más importante fuente de revelación es el canon *logos* de Las Escrituras. La única manera en que podemos interpretar segura y acertadamente la revelación *de cualquier tipo,* es pidiéndole a Dios el espíritu de sabiduría y conocimiento, y buscando el consejo del Señor.

Como La Biblia es nuestra regla absoluta con la cual debemos probar *todas* las experiencias espirituales, debería ser obvio que necesitamos conocerla y estudiarla. Ella es nuestra medida de verdad absoluta, infalible e inmutable. Así como en lo natural aprendemos a gatear antes de aprender a caminar, del mismo modo debemos aprender a movernos en el *logos,* La Palabra de Dios escrita, antes de que podamos avanzar con seguridad en el *rhema,* el "ahora" de la palabra revelada de Dios. Un conocimiento sólido y equilibrado del Nuevo Testamento es el requisito mínimo mientras comenzamos a investigar en profundidad la revelación *rhema.* De otro modo, no tendremos plomada para medirla.

Dios también ha ordenado que hallemos seguridad en nuestra relación con una fraternidad basada en La Biblia. Pablo le escribió a los efesios: *"Sométanse unos a otros..."* y describió las muchas áreas a cubrir que Dios ha puesto en nuestras vidas (Efesios 5:21). La Biblia dice: *"En la multitud de consejeros hay seguridad y está la sabiduría"* (Proverbios 11:14b). En la era de la ilegalidad, encontramos seguridad bajo la cubierta del Señor, de su Ley y de la iglesia local. No somos llamados a ser rebeldes, orgullosos y religiosos que "hacen lo que les parece". Dios nos ha llamado a ser siervos humildes, comprometidos con una expresión local del Cuerpo de Cristo, a estudiar Las Escrituras diligentemente, a orar diariamente y a ser guiados por el Espíritu de verdad a sus propósitos y su voluntad individual para nuestras vidas.

Aunque trabajo en varios consejos nacionales e internacionales, y tengo en cierto modo alguna voz profética e intercesora reconocida, mi familia y yo somos miembros de una congregación llena del Espíritu. Así que lo que les digo no es teoría para mí. Es caminar en sencillez y pureza ante Cristo. Con esto en mente, deberíamos hacernos cinco preguntas básicas en nuestra búsqueda de la voz de Dios:

1. ¿Estudio regularmente Las Escrituras?
2. ¿Mantengo una vida de oración?
3. ¿Busco la pureza, la limpieza y la santidad en mi vida?
4. ¿Soy un miembro adorador de una congregación local?
5. ¿Tengo relaciones con consiervos que puedan hablar a mi vida?

Estas piedras fundamentales deben estar ubicadas firmemente en su lugar antes de que podamos comenzar a investigar los principios para probar las experiencias espirituales. Con estos ABCs en su lugar, nuestro próximo paso es *"...examinarlo todo; retener lo bueno"* (1 Tesalonicenses 5:21).

FUENTES DE REVELACIÓN

Las Escrituras indican que la revelación espiritual viene de una de estas tres fuentes: el Espíritu Santo, el alma humana y los espíritus malignos. La necesidad de discernimiento en esta área es obvia.

El *Espíritu Santo* es la única fuente de revelación verdadera (ver 2 Pedro 1:21). Fue el Espíritu Santo quien inspiró o "movió" (la palabra usada literalmente) a los profetas del Antiguo Testamento y a los testigos del Nuevo Testamento. La palabra griega para "movió", *phero*, significa "ser arrebatado" o aún "ser conducido como el viento".[10]

El vidente

El *alma humana* es capaz de ponerle voz a los pensamientos, ideas e inspiraciones que provienen de nuestras emociones no santificadas (Ezequiel 13:1-6; Jeremías 13:16). Estas inspiraciones humanas no necesariamente son nacidas en Dios. Como dijo el profeta Ezequiel, hay profetas "que profetizan de su propio corazón (...) *¡Ay de los profetas insensatos, que andan en pos de su propio espíritu, y nada han visto!*" (Ezequiel 13:2-3).

Los *espíritus malignos* operan con dos características comunes a su amo. Pueden parecer "ángeles de luz" (o voces buenas), y siempre hablan mentira, porque sirven al principal mentiroso, Satanás. Los mensajes traídos por espíritus malignos son especialmente peligrosos para la gente ignorante de la Palabra de Dios o personas inexpertas en el uso del discernimiento, porque a Satanás le encanta mezclar un poco de "verdad" o declaraciones reales con sus mentiras para engañar a los crédulos. Solo piense que es una carnada apetitosa depositada al borde de una trampa mortal. Hechos 16:16-18 nos relata la historia de una muchacha esclava con un espíritu de adivinación que *decía la verdad* acerca de los discípulos, pero la obtenía de una fuente satánica. Cuando el apóstol Pablo eventualmente oyó bastante al punto de estar irritado, le ordenó al espíritu de adivinación que saliera de ella.

En un mundo de gente imperfecta, la revelación dada por Dios puede mezclarse con información calificada procedente de otras fuentes. Gente que funciona como la voz profética de Dios o videntes divinos, son instrumentos imperfectos aunque necesarios para la Iglesia hoy. Ninguno de nosotros estamos inmunes a los efectos de las influencias externas en nuestras vidas. Aunque el Espíritu de Dios está unido a nuestro espíritu, podemos ser grandemente afectados en nuestras almas y espíritus por cosas tales como situaciones de la vida, circunstancias físicas o emocionales, Satanás o sus agentes; y muy frecuentemente por otras personas alrededor de nosotros (1 Samuel 1:1-15; 30:12; Juan 13:2; 1 Corintios 15:33). La solución es "probar" cada fuente y aspecto de la revelación –sea un sueño, una aparición, una palabra hablada u otra clase. Primero, debemos probarnos a nosotros mismos con una serie de preguntas prácticas de autodiagnosis:

EL TEST DE UNO MISMO

1. ¿Hay alguna evidencia en mi vida de otras influencias, además del Espíritu Santo de Dios?
2. ¿Cuál es la esencia de la visión o revelación? (¿Cómo se compara con La Palabra escrita de Dios?)

3. ¿Estaba bajo el control del Espíritu Santo cuando recibí la visión?
a. ¿He presentado mi vida a Jesucristo como sacrificio vivo?
b. ¿He sido obediente a su Palabra?
c. ¿Soy iluminado con su inspiración?
d. ¿Me dedico a hacer su voluntad, no importando cuál sea?
e. ¿Rindo mi vida a la alabanza a Dios, o a la crítica?
f. ¿Espero paciente y expectantemente delate de Dios?

PROBANDO LA FUENTE

El próximo paso es probar si la imagen, mensaje profético o visión recibida proviene de nuestra alma, del reino de Satanás o de Dios. El Dr. Mark y Patti Virkler, fundadores de la Universidad de Liderazgo Cristiano en Buffalo, Nueva York, ofrecen una guía normativa excelente en esta área, en su obra *Comunión con Dios*. Enseñan que "los ojos de nuestro corazón pueden ser llenos por el yo, o por Satanás o por Dios".[11] Las siguientes guías ha sido adaptadas de un cuadro de la Guía de Estudio de los Virklers.[12] Primero hay tres instrucciones generales:

1. He de quitar todas las imágenes puestas delante de los ojos de mi mente por Satanás (Mateo 5:28; 2 Corintios 10:5), usando la sangre de Jesús.
2. He de presentar los ojos de mi corazón al Señor para que Él los llene. De esta manera, me preparo para recibir (Apocalipsis 4:1).
3. El Espíritu Santo entonces proyectará en la pantalla interna de mi corazón el fluir de la visión que Él desea (Apocalipsis 4:2).

PROBANDO SI UNA IMAGEN ES DE UNO MISMO, DE SATANÁS O DE DIOS
A. Halle su origen (pruebe el espíritu; 1 Juan 4:1).

UNO MISMO: ¿Fue principalmente nacida en la *mente*? ¿Alimenta mi ego o exalta a Jesús? ¿A qué se parece?

SATANÁS: ¿La imagen parece destructiva? ¿Me desvía?

DIOS: ¿Es un fluir de imágenes que vienen desde lo más profundo de mi ser interior? ¿Mi ser interior estaba serenamente enfocado en Jesús?

B. Examine su contenido (pruebe las ideas; 1 Juan 4:5).

UNO MISMO: ¿Apela al ego? ¿El egocentrismo es la pieza central, o es Jesús quien es levantado en alto?

SATANÁS: ¿Es negativo, destructivo, insistente, temible y acusador? ¿Es una violación de la naturaleza de Dios? ¿Viola La Palabra de Dios? ¿La imagen "tiene temor" de ser puesta a prueba?

DIOS: ¿Es instructiva, edifica, consuela? ¿Acepta ser probada? ¿Me anima a continuar en mi caminar con Dios?

C. Pruebe su fruto (pruebe el fruto que produce; Mateo 7:16).

UNO MISMO: Los frutos aquí son variables, pero eventualmente elevarán al hombre en contraste a la centralidad de Cristo.

SATANÁS: ¿Estoy temeroso, compulsivo, en esclavitud, ansioso, confundido o poseo un ego inflado como resultado de esa experiencia?

DIOS: ¿Siento que ha sido renovada mi fe, poder, paz, frutos, conocimiento y humildad?

NUEVE PRUEBAS ESCRITURALES

1) ¿La revelación edifica, exhorta o consuela?
"Pero el que profetiza habla a los hombres para edificación, exhortación y consolación" (1 Corintios 4:13, énfasis mío). El propósito final de toda profecía es edificar, aconsejar, animar al pueblo de Dios. Todo lo que no apunta a este objetivo, no es verdadera profecía. La comisión de Jeremías era negativa al principio, pero luego se agrega una promesa (Jeremías 1:5, 10). 1 Corintios 14:12c lo resume mejor: *"Para edificación de la iglesia"*.

2) ¿Está de acuerdo con La Palabra de Dios?
"Toda la Escritura es inspirada por Dios" (2 Timoteo 3:16a). Toda revelación verdadera concuerda con la letra y el espíritu de la Biblia. Lea 2 Corintios 1:17-20, donde el Espíritu Santo dice sí y amén en la Escritura, también dice sí y amén en la revelación. Él nunca se contradecirá a sí mismo.

3) ¿Exalta a Jesucristo?

"Él me glorificará, porque tomará de lo mío y os lo hará saber" (Juan 16:14). Toda revelación verdadera se centra en Jesucristo, lo exalta y glorifica (Apocalipsis 19:10).

4) ¿Trae buenos frutos?

"Guardaos de los falsos profetas, que vienen a vosotros con vestidos de ovejas, pero por dentro son lobos rapaces. Por sus frutos los conoceréis" (Mateo 7:15-16). La revelación verdadera produce resultados en el carácter y la conducta que se comparan al fruto del Espíritu (Gálatas 5:22-23; Efesios 5:9). Entre los aspectos del carácter o la conducta que no son fruto del Espíritu, podemos mencionar los siguientes: orgullo, arrogancia, exageración, deshonestidad, codicia, irresponsabilidad económica, vida licenciosa, inmoralidad, apetitos adictivos, votos nupciales quebrados, hogares divididos. Cualquier "revelación" que tenga alguno de estos elementos, no proviene del Espíritu Santo.

5) Si predice un evento futuro, ¿se cumple? (Deuteronomio. 18:20-22).

Si una revelación contiene una predicción, debe cumplirse. Si no, entonces, con raras excepciones, la revelación no es de Dios. Las excepciones pueden incluir los siguientes puntos:

a) Cuando la voluntad de la persona está involucrada.

b) Cuando incluye arrepentimiento nacional (Nínive se arrepintió, por eso la predicción no se cumplió).

c) Cuando tiene que ver con predicciones mesiánicas (llevan cientos de años hasta el cumplimiento).

d) Hay una norma diferente para los profetas del Nuevo Testamento en relación a los del Antiguo, cuyas predicciones tenían que ver con el plan mesiánico de Dios.

6) ¿La predicción conduce a la gente a Dios o la aleja de Él? (Deuteronomio 13:1-5).

El que una persona haga una predicción respecto al futuro y *se cumpla*, no necesariamente prueba que él o ella se mueve por el Espíritu Santo, revelación inspirada. Si una persona así, en su propio ministerio, desvía a otros de la obediencia al Dios verdadero, entonces esa persona es falsa, aún cuando haga predicciones correctas.

7) ¿Produce libertad o esclavitud?
"Pues no habéis recibido el espíritu de esclavitud para estar otra vez en temor, sino que habéis recibido el espíritu de adopción, por el cual clamamos: ¡Abba, Padre!" (Romanos 8:15). La revelación verdadera produce libertad, no ataduras (1 Corintios 14:33; 2 Timoteo 1:7). El Espíritu Santo nunca trae al pueblo de Dios a una condición en la que ellos actúen como esclavos, y nunca nos motiva a través del temor o el legalismo.

8) ¿Produce vida o muerte?
"Asimismo nos hizo ministros competentes de un nuevo pacto, no de la letra, sino del Espíritu; porque la letra mata, mas el Espíritu vivifica" (2 Corintios 3:6). La verdadera revelación del Espíritu produce vida, no muerte.

9) ¿El Espíritu Santo atestigua que es cierto?
"Pero la unción que vosotros recibisteis de Él permanece en vosotros, y no tenéis necesidad de que nadie os enseñe; así como la unción misma os enseña todas las cosas, y es verdadera, y no es mentira, según ella os ha enseñado, permaneced en él" (1 Juan 2:27). La verdadera revelación es confirmada por el Espíritu dentro del creyente. El Espíritu Santo es el *"Espíritu de verdad"* (Juan 16:13). Él testifica de lo verdadero y rechaza lo falso. Esta novena prueba es la *más subjetiva* de todas las pruebas que hemos presentado aquí. Por esa razón, debe ser usada en conjunto con las otras ocho anteriores.

PROBANDO LOS ESPÍRITUS

El discernimiento es una necesidad urgente en el Cuerpo de Cristo. Precisamos una corriente de fluir profético limpia y clara. El apóstol Juan advierte a los creyentes de todas las épocas:

Amados, no creáis a todo espíritu, sino probad los espíritus si son de Dios; porque muchos falsos profetas han salido por el mundo. En esto conoced el Espíritu de Dios: Todo espíritu que confiesa que Jesucristo ha venido en carne, es de Dios; y todo espíritu que no confiesa que Jesucristo ha venido en carne, no es de Dios; y este es el espíritu del anticristo, el cual vosotros habéis oído que viene, y que ahora ya está en el mundo (1 Juan 4:1-3).

Como dijimos anteriormente, tenemos que probar los espíritus porque

Juzgando la revelación sabiamente

la profecía, al igual que los otros dones del Espíritu, es soltada a través de gente imperfecta. Dios ha escogido entregar lo profético a la Iglesia a través de las vasijas llenas de fallas, y frecuentemente inmaduras de la humanidad. Si bien la "revelación bíblica" es perfecta e inerrante, la "revelación profética" en la Iglesia de Jesucristo no funciona a ese nivel de inspiración. Esto es porque la profecía no es nuestra única fuente o manera de oír la voz de Dios. Tenemos al Dios viviente que habita en nuestros corazones y al Espíritu Santo que nos guía diariamente. Quizás lo más importante, desde el Calvario, es que el vidente y el profeta sirven como apoyo y rol secundario a La Biblia, la cual es la *"palabra profética más segura"* (2 Pedro 1:19), y al Espíritu Santo que habita dentro del corazón de cada creyente.

Otra razón por la cual es necesario el discernimiento, es porque Dios ha elegido hablar a través del hombre proféticamente, en vez de usar simplemente una o dos personas "perfeccionadas" en una generación. Por tanto, siempre existe la posibilidad de mezcla en la palabra revelada, porque Él escoge usar personas heridas con pies de barro (1 Corintios 14:29). Al mismo tiempo, cada creyente tiene los elementos básicos para discernir lo verdadero de lo falso para sí mismo. El que la revelación esté abierta para ser juzgada en esta era, prueba su estado presente imperfecto. Pero recuerde: el estado imperfecto de la profecía está directamente conectado con el estado imperfecto de quienes la entregan, ¡nunca por un Dios imperfecto!

Los falsos profetas engañadores e impíos no son la fuente principal de la revelación errónea al pueblo de Dios en la actualidad. Aunque esto está aumentando, la mayoría del "alimento adulterado" proviene de gente sincera que simplemente le agregan sus propias percepciones a una revelación que comenzó siendo auténtica y dada por Dios. Le "agregan" condimentos al mensaje profético de Dios, trayendo cosas de su psique humana, de su corazón, emociones, preocupaciones o benevolencia. Necesitamos aprender a discernir cuándo Dios ha terminado de hablar y el hombre ha continuado. Cuando compartimos una revelación que Dios nos ha dado para otros, debemos ser muy cuidadosos en dar exactamente lo que Dios nos ha dado, y luego claramente hacer una distinción o prefacio para todo lo demás que queramos decir, como ser nuestra interpretación o punto de vista respecto de esa revelación o visión.

La Palabra de Dios nos dice que debemos probar todas las cosas y aferrarnos a lo que es bueno (ver 1 Tesalonicenses 5:21). En todo tiempo debemos buscar la sabiduría del Señor, a la vez que rehusamos usar la "sabiduría" como una excusa para el temor. Debemos ser cuidadosos y no ofendernos por las cosas genuinas que el Espíritu hace, sin importar cuán raras puedan parecernos a nosotros. La revelación divina y las experiencias visionarias vienen de muchas maneras diferentes, y es crucial que aprendamos a discernir lo verdadero de lo falso.

Con esto en vista, permítame indicarle brevemente las cinco pruebas para aplicar a un mensaje o ministerio profético, para ayudarnos a discernir si es válido o no. Estos tests fueron sugeridos por Roger Olson, del Bethel College (Colegio Bethel), un erudito con fuertes vínculos con las Open Bible Standard Churches (Iglesias Estándar Biblia Abierta), que fueron incluidos en un editorial por David Neff, en *Christianity Today*:

1) El toque de Cristo. Si una profecía promueve a Cristo y no al profeta, puede ser válida.
2) La norma apostólica. Si es consistente con el mensaje del evangelio como se encuentra en la didáctica de los escritos del Nuevo Testamento, puede ser válida.
3) El criterio de la unidad. Si una profecía no promueve elitismo o cisma espiritual, puede ser válida.
4) El control del raciocinio. Si no requiere sacrificio del intelecto y la aceptación de las enseñanzas reveladas sin pensarlas, puede ser válida.
5) La prueba mesiánica. Si no exalta a algún individuo como objeto de veneración, puede ser válida.[13]

Ahora bien, sé que algunos de ustedes están esperando que me interne en "aguas más profundas". Pero desde esta perspectiva, sería negligente si no me asegurara primero que estos cimientos o verdades fundamentales están echados antes de adentrarnos en nuestro "viaje místico". Teniendo esto en cuenta, haríamos bien en estudiar los 15 puntos prácticos de sabiduría listados más abajo. Ellos nos ayudarán a juzgar sabiamente las distintas formas de revelación que encontraremos en nuestra aventura con Cristo.

QUINCE PUNTOS PRÁCTICOS DE SABIDURÍA
1.Escudriñe correctamente la exégesis y el contexto bíblico
Uno de los puntos más importantes relativos a la sabiduría es nuestra interpretación de Las Escrituras, o una exégesis correcta. Muchas veces, la gente "dotada proféticamente" parece tener una débil interpretación simbólica de Las Escrituras. Aunque existen

diferentes escuelas y metodologías para la interpretación, debemos conocer el contexto histórico del pasaje estudiado. La sabiduría sugiere que los individuos que tienen dones de revelación deberían consultar a maestros, apóstoles y pastores para obtener claridad adicional en la interpretación bíblica. Estudie para "presentarse a Dios aprobado" (2 Timoteo 2:15). ¡Camine con otros!

2. Enfóquese en Jesús.
Las manifestaciones del Espíritu Santo no deberían ocupar el centro del escenario. Jesús es nuestro enfoque central. Al sumergirnos en los propósitos de Dios, las acciones del Espíritu Santo y las experiencias de revelación del cielo, no debemos subirnos a cualquier tren que pasa. A veces la gente se abalanza sobre todo lo que se mueve, porque carecen de seguridad y de una correcta base bíblica. Recuerde siempre la pregunta más básica: "¿Esta experiencia me acerca a Cristo?"

3. Prefiera las cosas simples y sencillas
Las manifestaciones no son nuestro principal mensaje. En la corriente de la ortodoxia evangélica, nuestro énfasis debe estar en las cosas "simples y sencillas" de La Biblia: la salvación, la justificación por la fe, la santificación, etc.; seguidos de las consecuentes experiencias reveladas en los testimonios de las personas acerca de cómo avanzan en su relación con Dios y en la comunión con otros creyentes.

4. Siga los principios bíblicos, no la letra rígida de la ley
Algunas cosas entran en la categoría de lo no bíblico. Eso no significa que están equivocadas, "son del diablo", o contrarias a Las Escrituras. Solo significa que no hay una "prueba del texto" segura para validarlo. (Tampoco hubo una prueba textual para validar cuando Jesús escupió en tierra y untó los ojos del ciego, pero era obviamente "correcto".) No intente estirar algo para hacer que encaje. Sepa que no habrá un texto bíblico para cada actividad. Lo importante es que nos aseguremos que estamos siguiendo claros *principios bíblicos* de La Palabra de Dios.

5. Construya puentes
En tiempos de refrigerio y experiencias sobrenaturales, mantenga

El vidente

en mente la realidad de que hay otros creyentes sinceros que no están tan entusiasmados con la profecía como lo estamos nosotros. Esto es normal y de esperarse. Algunos de los discípulos, como Tomás, estaban menos animados que otros acerca de la resurrección, pero todos siguieron a Cristo al final. Debemos ser cuidadosos y mantenernos limpios del orgullo espiritual y la arrogancia, y dedicarnos a edificar puentes hacia nuestros hermanos "más cautos" a través del amor, el perdón, la comprensión y la bondad.

6. *Honre a los líderes y ore por ellos*
Tenga en cuenta que cada equipo de liderazgo de una congregación local o de un ministerio, tiene el privilegio y la responsabilidad de establecer el tono o la expresión del fluir del Espíritu en sus reuniones. ¡Dios obra a través de la autoridad delegada! Ore por aquellos que están en autoridad con una actitud y un corazón limpio delante de Dios. Pida que les sea dado el tiempo de Dios, la sabiduría y una estrategia correcta para aplicarlos. (¡Sea muy cuidadoso al poner etiquetas como "espíritu de control" o títulos similares a los líderes! Muchos de ellos son creyentes sinceros que simplemente desean hacer lo mejor para el buen funcionamiento general del rebaño que les ha sido confiado, y recuerde: ellos son puestos y ungidos por Dios.)

7. *Sea consciente de los tiempos y las sazones*
¿Se supone que todo va a ocurrir al mismo tiempo? De no ser por la soberanía de Dios, creo que no. Eclesiastés 3:1 (RV 1909), nos dice: *"Para todas las cosas hay sazón, y todo lo que se quiere debajo del cielo, tiene su tiempo"*. Las Escrituras describen vívidamente las "reuniones de Pentecostés", pero también incluyen algunas advertencias paulinas sobre cómo caminar con aquellos que están del lado de los que no creen en los dones, o los incrédulos. Nunca debemos usar nuestros dones para ofender a otros a propósito. Creo personalmente que está alineado a La Palabra de Dios, y que podemos tener reuniones específicas para algunos propósitos predeterminados. Podemos predeterminar por su guía que algunas reuniones o sesiones serán orientadas como "proféticas" o "reuniones vivas en el Espíritu". Pero también estar hambrientos y darles la bienvenida a aquellas expresiones espontáneas cuando su presencia manifiesta es soltada, aún cuando no las hemos esperado o planeado.

8. Que gobierne el amor
Lo "inusual y raro" no debe ser nuestra dieta consistente, ni jamás deberá reemplazar las disciplinas espirituales diarias del cristiano. Si todo lo que una persona hace es "ladrar como un perro" y deja de leer La Biblia y de relacionarse adecuadamente con otros miembros de la iglesia local, entonces muy probablemente otro espíritu actúa allí. Quizás el individuo ha perdido el enfoque y necesita una palabra hablada en amor, para ayudarlo a mantener su equilibrio espiritual en medio de un derramamiento poderoso. Cualquiera sea el caso, deje que gobierne el amor siempre.

9. Mantenga el equilibrio
No hay una ciencia exacta para adivinar todas las manifestaciones del Espíritu Santo. Cuando algo no está claro, no deberíamos tratar de definir y redefinir lo que no es claro. Existe una cuerda de equilibrista que posee una tensión dinámica entre la realidad de la experiencia subjetiva y la doctrina bíblica. ¡Esforcémonos por mantener el equilibrio! Hay una tensión... ¡y se supone que la haya!

10. Comprenda la relación entre la iniciación divina y la respuesta humana
Toda esta actividad demostrativa (risas, llantos, temblores, caídas, etc.), ¿es necesariamente de Dios? Por una buena razón, yo las llamo: "Manifestaciones de y al Espíritu Santo". Aunque algunas de estas señales externas, visibles y audibles son iniciadas divinamente, debemos admitir que algunas de ellas son la respuesta humana y la reacción al movimiento del Espíritu Santo sobre nosotros o sobre otros que están cerca de nosotros. Esto es normal. También debemos hacer lugar a las diferentes manifestaciones étnicas y demostraciones culturales del afecto a Dios. ¡Cada don viene de Dios, y es expresado a través de una variedad de vasijas de barro!

11. Sea conocido por sus frutos
Aunque queremos bendecir lo que vemos que el Padre está hace, también debemos dirigir esas bendiciones hacia una obra fructífera. Si hemos sido realmente activados por el Espíritu Santo, entonces debemos encauzarlo hacia *hechos prácticos* que expresen nuestra fe; que esa fe sea encauzada desde el "club bendíceme" a un enfoque de "también bendice a otros"; que pueda alimentar al hambriento y bendecir al pobre, la viuda, el huérfano y la madre

soltera. Si el río de Dios halla un canal, se reflejará en vidas dedicadas al evangelismo, la intercesión, la adoración y otras cosas que exhibirán la pasión y el compromiso de Jesús por la gente.

12. Perciba las obras de Dios y las motivaciones de los hombres
A pesar de que el fenómeno de las manifestaciones y los encuentros proféticos han ocurrido en los avivamientos de toda la historia de la Iglesia, no creo que podamos individualizar a cada una de las personas que esperan que esto suceda. Estas experiencias se igualaron al recibir la unción de poder en el ministerio, y como herramientas fundamentales por las que Dios trajo la transformación personal.

13. Controle su carne y coopere con Dios
El dominio propio es un aspecto del fruto del Espíritu (Gálatas 5:23). ¡Muchos de nosotros lo hemos olvidado o lo hemos arrojado por la ventana! En ninguna parte de las Escrituras se nos dice que tenemos que "controlar a Dios": se nos dice que debemos controlarnos "a nosotros mismos". El resultado del dominio propio es conquistar las obras de la carne: lujuria, inmoralidad, codicia, etc. Debemos cooperar y rendirnos a la presencia de Dios para controlar las obras de la carne.

14. Esté alerta y consciente
Investiguemos en las Escrituras, repasemos la historia de la Iglesia, busquemos al Señor y recibamos las opiniones de aquellos que son más sabios y más experimentados que nosotros. Los creyentes maduros saben que el enemigo siempre trata de "apalear" a los cristianos por la cabeza, luego de que han tenido un encuentro o una experiencia sobrenatural, con la esperanza de hacerlos sentir confusos, desanimados y desorientados. Debemos armarnos continuamente para la batalla. Esta es una guerra de verdad. Estas visitaciones y revelaciones radicales no son pura diversión y juegos. ¡Vienen para llevarnos a un nivel de efectividad mayor para nuestro Amo!

15. Evite los pozos espirituales
Hay dos pozos profundos en los que podemos caer, y debemos evitarlos a toda costa. Primero, debemos cuidarnos del *escepticismo analítico*, el cual nos hará sentirnos ofendidos por todo lo que no

entendamos. El otro pozo o trampa mortal es el *temor* (del hombre, del rechazo, del fanatismo, etc.). Ambos pozos tienen un fruto en común: *la crítica*. Considere esta porción de sabiduría que me fue enseñada hace algunos años:

"Si no puedes saltar en medio de él, bendícelo. Si no puedes bendecirlo, entonces, obsérvalo pacientemente. Si no puedes observarlo pacientemente, ¡entonces, simplemente, no lo critiques! ¡No alargues tu lengua contra aquellas cosas que no entiendes!"

TEMA A DIOS, NO AL DIABLO

Desafortunadamente, algunas iglesias le han enseñado a la gente a tener miedo del diablo en vez de enfatizar la completa obra de la cruz y la autoridad del creyente. Aunque necesitamos tener un respeto saludable por los poderes de las tinieblas, en ningún lugar de La Biblia se nos enseña a temerles.

Encendamos la luz de la verdad y expongamos los engaños del maligno. El próximo capítulo, "Discernimiento de espíritus", nos ayudará a aprender más acerca de este tema. Mantengamos nuestro enfoque en claro, La Palabra nos enseña a "temer a Dios y seguir sus mandamientos" (Eclesiastés 12:13). Confiemos en nuestro Padre, pidamos los dones del Espíritu en el nombre de Jesús, y esperemos encuentros sobrenaturales auténticos. Temamos a Dios, no al diablo; y creamos que nuestro Padre nos dará buenas dádivas.

Capítulo 6

Discernimiento de espíritus

Ejercitar la sabiduría al juzgar la revelación es absolutamente vital para la salud e integridad de cualquier ministerio, sea un simple creyente o un profeta visionario, y en ningún área eso es más cierto que en el discernimiento de espíritus. A menos que determinemos consistentemente la fuente de la "revelación" y la naturaleza del espíritu de donde procede, corremos un alto riesgo de engañarnos a nosotros mismos y engañar a otros. El uso correcto de este don es importante por varias razones, las cuales investigaremos ahora.

Como introducción, permítame clarificar que hablamos de dos puntos que se superponen pero que son diferentes: el discernimiento general, el cual es producto de la experiencia, disciplina y estudio; y el discernimiento de espíritus, que es un don espiritual impartido por el Espíritu Santo. Como creyentes, todos podemos crecer en discernimiento al meditar regularmente en La Palabra de Dios y al pasar mucho tiempo en su presencia.

Cuanto más maduremos en nuestra fe, más experiencia adquiriremos y más creceremos en discernimiento. También aprendemos de observar e imitar a otros, especialmente a aquellas personas que son más maduras y cuya sabiduría y conocimiento respetamos.

Esencialmente, el discernimiento es una cuestión de sabiduría. Discernimiento significa tener un lugar de percepción en nuestra vida, adquirido a través de la meditación, el estudio y la experiencia, que nos habilita para dar consejos sabios. Esta clase de discernimiento es el que Isaías 11:2 describe como *"espíritu de sabiduría y de inteligencia, espíritu de consejo y de poder, espíritu de conocimiento y de temor de Jehová"*.

El discernimiento o la distinción de espíritus es diferente, porque va más allá de nuestras habilidades naturales de aprendizaje. Es un don sobrenatural del Señor, no podemos adquirirlo. Ninguna cantidad de esfuerzo humano nos capacitará para discernir los espíritus. Solo Dios puede impartir esa habilidad, y lo hace soberanamente.

El vidente

El discernimiento general y el discernimiento de espíritus son diferentes, pero están relacionados. Uno viene a través del estudio disciplinado y una vida santa, mientras que el otro viene de una directa impartición divina. Sin embargo, los principios para crecer en ambos son los mismos: meditación regular en La Palabra de Dios y el crisol de la experiencia de vida.

DEFINIENDO EL DISCERNIMIENTO DE ESPÍRITUS

Una de las mejores formas de comenzar entendiendo todo el tema del discernimiento de espíritus, es volviéndonos a las palabras de experimentados siervos del Señor, quienes han andado en esta unción por muchos años. El reconocido Derek Prince una vez dijo:

El discernimiento de espíritus es la habilidad sobrenatural de reconocer y distinguir entre no solo buenos y malos, sino entre varias clases de espíritus:

- El Espíritu Santo
- Los ángeles buenos
- Los ángeles caídos
- Los demonios o espíritus malignos
- El espíritu humano

El discernimiento es una forma de percepción directa, en donde el conocimiento es la impartición de hecho.[14]

La declaración anterior realmente hace una delineación entre el discernimiento de espíritus y el recibir una palabra de conocimiento. El discernimiento es una percepción, un sentir, algo orientado hacia la vista; mientras que una palabra de conocimiento es un hecho que es volcado dentro de nuestros pensamientos o espíritus.

John Wimber, el anterior líder de Vineyard Ministries International (Ministerios Internacionales de la Viña), dijo:

El discernimiento de espíritus es la capacidad sobrenatural de juzgar si el espíritu que opera tiene una fuente humana, diabólica o divina. Es una percepción sobrenatural en el plano espiritual con el propósito de determinar la fuente de la actividad espiritual.[15]

Aunque esta es una excelente definición, personalmente creo que el discernimiento de espíritus va más allá que solamente identificar la fuente de la actividad espiritual. Eso es solo parte del cuadro. Discernir la fuente es la línea de partida, pero también hay otros propósitos.

Según el líder apostólico Dick Iverson:

> El don de discernimiento de espíritus es la habilidad o la capacitación dada por Dios de reconocer la identidad (y con frecuencia la personalidad y condición) de los espíritus que están detrás de las diferentes manifestaciones o actividades. "Discernir" significa percibir, distinguir o diferenciar. La línea divisoria entre la operación humana y la divina puede ser oscura para algunos creyentes, pero aquel con una facultad de discernimiento espiritual ve una clara separación.[16]

A veces, cuando tratamos con el mundo espiritual, podemos hallarnos enfrentando áreas "grises", donde las cosas no son tan claras. Ese es el momento en el que necesitamos el don del discernimiento de espíritus para aclarar el gris y separar lo blanco y lo negro.

El reconocido Kenneth Hagin, padre del movimiento Word of Faith (Palabra de Fe), expresó una idea similar:

> El discernimiento de espíritus nos permite mirar dentro del mundo espiritual. Tiene que ver con espíritus, tanto buenos como malos. Es una vista sobrenatural en el mundo de los espíritus. Discernir significa "ver", sean espíritus divinos, espíritus malignos, el espíritu humano o aún el discernimiento de la similitud de Dios.[17]

Francis Frangipane, autor y notable orador en la guerra espiritual, agrega:

> El discernimiento espiritual es la gracia de ver en lo que no se ve. Es un don del *Espíritu* para percibir lo que está *en el espíritu*. Su propósito es ver en la naturaleza de lo que está velado.[18]

EL DISCERNIMIENTO Y NUESTROS CINCO SENTIDOS

El discernimiento es un don de Dios. Esto es cierto, ya sea que hablemos de discernimiento general entre lo bueno y lo malo, o de discernimiento de espíritus. Solo en el más raro de los casos, este don viene "de golpe" en la vida de un creyente. Para la mayoría de nosotros, el discernimiento crece gradualmente con el tiempo, a medida

El vidente

que lo alimentamos cuidadosamente día a día. Con frecuencia opera a través de nuestros cinco sentidos, y se fortalece en la práctica. Considere estas palabras del libro de Hebreos:

Pero el alimento sólido es para los que han alcanzado madurez, para los que por el uso tienen los sentidos ejercitados en el discernimiento del bien y del mal (5:14).

Algunas cosas las aprendemos por experiencia y otras, al mirar a otros. Aprendemos el discernimiento a través de la práctica. Cuando nos sometemos al señorío de Cristo, Él nos limpia de la contaminación del mundo, de la carne y de los espíritus demoníacos. Nuestros cinco sentidos naturales –vista, olfato, gusto, tacto y oído– están libres para ser ejercitados en el discernimiento de lo bueno y lo malo. Cuanto más cerca andemos de Cristo y cuanto más sometamos nuestra voluntad a Él, más precisos se van a volver nuestros sentidos en el discernimiento. Es un despliegue progresivo.

Uno de los principios operativos en el Reino de Dios que se aplica en cada área de la vida, es que la fidelidad en las pequeñas cosas nos llevará a que nos sean confiadas cosas mayores. Si demostramos fidelidad con lo que Dios nos ha dado, Él nos dará más. Por ejemplo, nuestra fidelidad en manejar nuestras posesiones materiales nos llevará a que nos sea dado dominio sobre lo que Jesús llamó "verdaderas riquezas espirituales". Es un principio simple: la fidelidad en lo natural traerá crecimiento en lo espiritual.

A medida que rindamos nuestro cinco sentidos naturales al Señor, mayor será la unción de Dios que vendrá sobre ellos, haciéndonos progresivamente más sensibles a sus impulsos. Cuanto más aprendamos a reconocer y obedecer esos impulsos, más de ellos recibiremos. Cuando demostremos que somos fieles en lo pequeño, el Señor nos confiará más.

Básicamente discernimiento es percepción, la cual puede venir en una variedad de formas. A veces es tan simple como un conocimiento interno, un "entripado", que no podemos explicar pero que sabemos que es real. Esta clase de percepción es a menudo tan sutil que podemos dejarla escapar fácilmente o atribuírsela a otra cosa, algo como una "corazonada".

Ver es otra manera de percepción. Como ya hemos observado, el ver puede ser interno a través de imágenes en la mente, o externo en una visión abierta. A veces puede no ser más que un flash de luz que trae un fuerte sentido de una presencia espiritual en la sala, algo así como un ángel. En otras ocasiones podemos ver el contorno de una figura o una clase de niebla de su gloria que llena el lugar. Esto, de nuevo, es parte del equipaje del vidente, la percepción divina. A medida que nuestro discernimiento crece, podremos observar una clase de resplandor débil o, eventualmente, una visión completamente definida, sea interna o externa.

A veces el discernimiento espiritual puede venir a través de nuestro sentido del olfato. Mucha gente ha dado testimonio de haber sentido la presencia del Señor acompañada de un aroma a rosas. También es posible algunas veces identificar al enemigo de la misma manera. Una situación en particular puede "no oler bien", aún cuando no entendemos el porqué. Todo lo que sabemos es que algo huele mal. Puede haber un hedor desagradable real asociado con la situación, tal como el olor del azufre. No hay causa visible aparente para tal olor, pero puede ser un indicador que un espíritu inmundo está presente. Frecuentemente he discernido adicciones en la vida de las personas de este modo. Verdaderamente "huelo" un tipo de olor que viene de una forma particular de adicción; entonces sé en parte cómo seguir ministrando en esa situación.

¿Qué hay acerca de la percepción espiritual a través del sentido del gusto? ¿Alguna vez escuchó a alguien decir: "No sé realmente lo que está pasando, pero esto me deja un sabor amargo en la boca"? Esa frase puede ser literal o figurativa. En Ezequiel 3:3, durante una visión el profeta comió un rollo que representa La Palabra de Dios, que en su boca fue "dulce como la miel". Juan registra una experiencia similar en Apocalipsis 10:9-10, donde comió un rollo que contenía los juicios de Dios a las naciones. Aunque el rollo parecía tan dulce como la miel en la boca de Juan, en su estómago se volvió amargo.

En lo que concierne al sentido del tacto, el discernimiento espiritual puede tomar la forma de una sensación de hormigueo, o aún de dolor, particularmente en situaciones donde el Señor revela áreas físicas que Él quiere sanar o liberar. Por momentos he recibido dolores físicos en mi corazón, que me muestran heridas que han ocurrido en las vidas de otras personas, como una manera de "hacer libres a los cautivos". Sentir algo también puede ser usado para distinguir qué espíritu opera detrás de cierta actividad.

No hace mucho tiempo, a las cinco en punto de la mañana mi habitación se puso fría como un témpano, y me desperté sintiendo una presencia de la oscuridad. Oré en el Espíritu e invoqué a la sangre de Jesús. Entonces me quedé dormido para despertarme otra vez, esta vez con un sueño del Señor. En este sueño los creyentes proclamaban: "El espíritu de

Jezabel ha caído". El cuarto se llenó de una luz blanca y un resplandor cálido permeaba el ambiente. ¡La victoria había venido porque el enemigo había sido discernido y echado fuera!

La percepción a través del oído es el área con la que probablemente la mayoría de nosotros estamos más familiarizados. Por momentos parecerá sonido de campanas, el teléfono que llama o incluso música. Uno de los sonidos más comúnmente asociados con la percepción espiritual, es el del viento, tal como ocurrió en el día de Pentecostés. Una vez, en medio de la noche, un viento sobrenatural soplaba en una de las ventanas cerradas en nuestra casa. Mi esposa Michal Ann y yo fuimos despertados de repente. Ángeles habían sido enviados y entregaron mensajes de Dios. ¡Con el viento vino su presencia!

No importa cuál de nuestros sentidos nos traiga la percepción espiritual, obtenemos gracia de Dios. La consistencia y el crecimiento en esta área vendrán al rendir nuestros corazones al Señor Jesucristo. No podemos vivir en abierta rebelión a Él. Todos nuestros afectos deben estar enfocados en Él. Debemos bañarnos en la sangre de Jesús y someternos a Él en cuerpo, alma y espíritu.

DISCERNIMIENTO DEL ESPÍRITU SANTO

Esencialmente hay cuatro categorías de discernimiento de espíritus. La más importante de ellas es la habilidad de discernir la presencia y la obra del Espíritu Santo. Dos ejemplos bíblicos prominentes demuestran este discernimiento en operación.

También dio Juan testimonio, diciendo: Vi al Espíritu que descendía del cielo como paloma, y permaneció sobre él. Y yo no le conocía; pero el que me envió a bautizar con agua, aquél me dijo: Sobre quien veas descender el Espíritu y que permanece sobre él, ése es el que bautiza con el Espíritu Santo. Y yo le vi, y he dado testimonio de que éste es el Hijo de Dios (Juan 1:32-34).

Luego de bautizar a Jesús, Juan vio una paloma descender y reposar sobre Él. Esta fue la señal de Dios para Juan, para poder identificar a Jesús como el Hijo de Dios. Si Juan vio una paloma en lo natural o en lo espiritual, no está claro. De cualquier modo, sin embargo, Juan supo que era el Espíritu Santo descendiendo y permaneciendo sobre Jesús. La única manera en que pudo haber sabido esto, era a través del don de discernimiento. Tal conocimiento estaba más allá de las facultades humanas normales.

Cuando llegó el día de Pentecostés, estaban todos unánimes juntos. Y de repente vino del cielo un estruendo como de un viento recio que soplaba, el cual llenó toda la casa donde estaban sentados; y se les aparecieron lenguas repartidas, como de fuego, asentándose sobre cada uno de ellos. Y fueron todos llenos del Espíritu Santo, y comenzaron a hablar en otras lenguas, según el Espíritu les daba que hablasen (Hechos 2:1-4).

Los creyentes en el aposento alto esperaban el cumplimiento de la promesa de Jesús, hecha diez días antes en el momento de su ascensión, que enviaría el Espíritu Santo para revestirlos con *"poder de lo alto"* (Lucas 24:49). Cuando el Espíritu vino en aquel día de Pentecostés, apareció en dos formas: viento y fuego. No hay indicación que estos creyentes supieran de antemano *cómo* el Espíritu Santo aparecería. Sin embargo, cuando Él vino supieron que estaba allí. Una vez más, solo el don de discernimiento pudo impartirles este conocimiento.

Por momentos mis ojos espirituales han estado abiertos y he visto una llama de fuego sobre la cabeza de alguien, o un flash de fuego aparecer en frente de un individuo. Esto ha sido de gran ayuda para saber a quién ministrar proféticamente o en sanidad. Recuerdo una vez, cuando una gran llama de fuego se atizaba justo en frente de una persona. Al bendecir lo que el Padre estaba haciendo, la persona fue inundada de la presencia y del poder del Espíritu, y se sanó de un dolor crónico desde la cabeza hasta los pies. Gracias a Dios, ¡esto sí que funciona!

DISCERNIMIENTO DE ÁNGELES

El discernimiento de espíritus también incluye el discernimiento de ángeles, porque ellos son seres espirituales. Jesús vio a un ángel cuando oraba en el jardín de Getsemaní:

Y él se apartó de ellos a distancia como de un tiro de piedra; y puesto de rodillas oró, diciendo: Padre, si quieres, pasa de mí esta copa; pero no se haga mi voluntad, sino la tuya. Y se le apareció un ángel del cielo para fortalecerle (Lucas 22:41-43).

El texto no dice cómo Jesús vio al ángel, si en lo espiritual o en plena aparición corporal. Sin embargo, él fue fortalecido por la presencia angelical. Nadie puede ver ángeles a menos que Dios le permita al vidente hacerlo a través de la dimensión del don de discernimiento. Él no envía cosas sin ningún propósito. Si Dios nos permite ver –sean ángeles u otra cosa– es por una razón, y necesitamos encontrarla.

El vidente

En el día de la resurrección de Jesús, María Magdalena vio dos ángeles cuando visitó la tumba vacía:

> *Pero María estaba fuera llorando junto al sepulcro; y mientras lloraba, se inclinó para mirar dentro del sepulcro; y vio a dos ángeles con vestiduras blancas, que estaban sentados el uno a la cabecera, y el otro a los pies, donde el cuerpo de Jesús había sido puesto. Y le dijeron: Mujer, ¿por qué lloras?* (Juan 20:11-13a).

¿María vio los ángeles con su ojo natural o en el plano del espíritu? ¿Cómo supo que eran ángeles? El texto no lo dice. Sin embargo, que nos baste el saber que María tuvo una experiencia espiritual en la cual ella discernió la presencia de ángeles.

Estos ángeles vinieron para dirigir a María en una nueva dirección. Ella fue buscando el cuerpo de Jesús. Ellos vinieron para prepararla para encontrarse con su Señor resucitado, lo cual sucedió inmediatamente después de este encuentro. Al ver a Jesús en el jardín, María pensó al principio que era el jardinero. Al reconocerlo finalmente, cayó de rodillas a sus pies en adoración. Luego fue a los discípulos y proclamó: *"He visto al Señor"* (Juan 20:18).

Dios envió ángeles para dirigir a María a ver a Jesús como Él realmente era, en vez de verlo como ella pensaba que era. A veces, si es necesario, Él hará lo mismo por nosotros para corregir nuestra visión, para que podamos despojarnos de las impresiones falsas y ver a nuestro Señor como realmente es.

Pablo también vio un ángel. En medio de una gran tormenta, un enviado celestial trajo un mensaje de esperanza y aliento para el apóstol y para todos los que estaban con él en el barco. Al día siguiente Pablo compartió su visión con los demás:

> *Pero ahora os exhorto a tener buen ánimo, pues no habrá ninguna pérdida de vida entre vosotros, sino solamente de la nave. Porque esta noche ha estado conmigo el ángel del Dios de quien soy y a quien sirvo, diciendo: Pablo, no temas; es necesario que comparezcas ante César; y he aquí, Dios te ha concedido todos los que navegan contigo* (Hechos 27:22-24).

¿Pablo estaba soñando o tuvo una visión abierta? No lo sabemos. Lo importante es que el mensaje que el ángel le trajo fue cumplido tal cual lo prometido. Al final, el barco encalló cerca de la costa, y todos los que estaban a bordo llegaron sanos y salvos.

DISCERNIMIENTO DE ESPÍRITUS HUMANOS

Otra área de discernimiento es la habilidad de discernir al espíritu humano –el verdadero carácter o motivación detrás de las palabras o acciones de una persona–, aún si está escondido de la vista. Jesús poseía esta habilidad a un grado excepcional. Un ejemplo es su primer encuentro con Natanael, uno de sus discípulos:

> Felipe halló a Natanael, y le dijo: Hemos hallado a aquél de quien escribió Moisés en la ley, así como los profetas: a Jesús, el hijo de José, de Nazaret. Natanael le dijo: ¿De Nazaret puede salir algo de bueno? Le dijo Felipe: Ven y ve. Cuando Jesús vio a Natanael que se le acercaba, dijo de él: He aquí un verdadero israelita, en quien no hay engaño. Le dijo Natanael: ¿De dónde me conoces? Respondió Jesús y le dijo: Antes que Felipe te llamara, cuando estabas debajo de la higuera, te vi. Respondió Natanael y le dijo: Rabí, tú eres el Hijo de Dios; tú eres el rey de Israel (Juan 1:45-49).

Jesús estaba en una situación geográfica y Natanael estaba en otra. Sin embargo, en el plano del discernimiento de espíritus, Jesús no solo vio a Natanael, sino que supo sobre su carácter interno. La pregunta de Natanael acerca de Nazaret suena descarada y sarcástica, pero Jesús vio un hombre transparente, una persona que no era religiosa externamente sino que decía lo que sentía. Cuando se trataba de cuestiones de integridad y de verdad, Natanael no jugaba. Él no pensaba una cosa y decía otra. No tenía planes ocultos.

Simón Pedro demostró la habilidad de discernir la condición del espíritu humano, cuando se encontró con un hechicero llamado Simón. Como era un habitante de la ciudad de Samaria, Simón el hechicero profesaba seguir a Cristo después de escuchar la predicación y ver los milagros de Felipe. También así lo hicieron muchos en la ciudad. Luego de que la iglesia de Jerusalén enviara a Pedro y Juan a Samaria a orar por los nuevos creyentes para que reciban el Espíritu Santo, Simón estaba maravillado al ver el poder del Espíritu en acción:

> Entonces les imponían las manos, y recibían el Espíritu Santo. Cuando vio Simón que por la imposición de las manos de los apóstoles se daba el Espíritu Santo, les ofreció dinero, diciendo: Dadme también a mí este poder, para que cualquiera a quien yo impusiere las manos reciba el Espíritu Santo. Entonces Pedro le dijo: Tu dinero perezca contigo, porque has pensado que el don de Dios se obtiene con dinero. No

El vidente

tienes tú parte ni suerte en este asunto, porque tu corazón no es recto delante de Dios. Arrepiéntete, pues, de esta tu maldad, y ruega a Dios, si quizá te sea perdonado el pensamiento de tu corazón; porque en hiel de amargura y en prisión de maldad veo que estás. Respondiendo entonces Simón, dijo: Rogad vosotros por mí al Señor, para que nada de esto que habéis dicho venga sobre mí (Hechos 8:17-24).

Pedro tenía la capacidad de discernir el verdadero espíritu y la motivación que estaban en el corazón de Simón. Una vez que Pedro expuso la dualidad de Simón, este pudo tener los ojos abiertos a su pecado, y podía entonces ser guiado al arrepentimiento.

El libro de los Hechos nos cuenta cómo Pablo fue capaz de discernir la fe para sanidad que tenía otra persona:

Y cierto hombre de Listra estaba sentado, imposibilitado de los pies, cojo de nacimiento, que jamás había andado. Este oyó hablar a Pablo, el cual, fijando en él sus ojos, y viendo que tenía fe para ser sanado, dijo a gran voz: Levántate derecho sobre tus pies. Y él saltó, y anduvo (Hechos 14:8-10).

Nadie puede "ver" la fe. Podemos observar la fe en acción al ser demostrada, pero solo el Espíritu de Dios puede impartir la habilidad de discernir la fe en otros. En lo que a mí respecta, ¡quiero esa capacidad!

DISCERNIENDO LOS ESPÍRITUS DE MALDAD

Un área del discernimiento en donde debemos extremar las medidas de precaución, cautela y madurez, es en el discernimiento de espíritus malignos. (Recuerde nuestro capítulo previo que presentaba "Nueve pruebas escriturales para juzgar la revelación sabiamente". ¡Lo subjetivo se somete a lo objetivo!) Habiendo reforzado las bases, cabe decir que esta clase de discernimiento puede venir a través de uno o más de los sentidos naturales. ¿Ha estado en algún lugar o situación donde simplemente ha sentido la presencia demoníaca? ¿Qué de alguna vez, como dije anteriormente, en donde haya olido un olor a podrido o nauseabundo sin una explicación o fuente natural aparente? Estos son solo dos ejemplos de cómo el discernimiento de espíritus puede actuar, pero se precisa una gran sensibilidad para caminar en esta área.

En Lucas 13:11-17 Jesús discierne un espíritu de maldad como la causa de la aflicción física de una mujer:

Discernimiento de espíritus

Y había allí una mujer que desde hacía dieciocho años tenía espíritu de enfermedad, y andaba encorvada, y en ninguna manera se podía enderezar. Cuando Jesús la vio, la llamó y le dijo: Mujer, eres libre de tu enfermedad. Y puso las manos sobre ella; y ella se enderezó luego, y glorificaba a Dios (Lucas 13:11-13).

La curvatura en la espina dorsal de la mujer era causada por un espíritu de enfermedad, el cual era la causa de que ella nunca pudiera hallar sanidad por los medios naturales o físicos. Cuando el líder de la sinagoga criticó a Jesús por sanar en el día sábado, Jesús le respondió:

Hipócrita, cada uno de vosotros ¿no desata en el día de reposo su buey o su asno del pesebre y lo lleva a beber? Y a esta hija de Abraham, que Satanás había atado dieciocho años, ¿no se le debía desatar de esta ligadura en el día de reposo? (Lucas 13:15b-16).

No todas las enfermedades que Jesús encontró eran causadas por demonios, pero esta sí lo fue, y Él la discernió y la trató. Del mismo modo, encontramos algunas personas en la actualidad que no son sanadas inmediatamente a través de la oración o de la imposición de manos. En algunos casos, un espíritu de enfermedad puede estar actuando, y tiene que ser tratado para que la sanidad pueda ocurrir. En un sentido visionario, un espíritu así puede ser revelado como la aparición de sanguijuelas en una persona, que le chupan las fuerzas en la zona afectada del cuerpo.

Otro ejemplo bíblico es el que explicamos anteriormente en el capítulo 16 de Hechos, en donde Pablo echa un espíritu de adivinación de una joven esclava:

Aconteció que mientras íbamos a la oración, nos salió al encuentro una muchacha que tenía espíritu de adivinación, la cual daba gran ganancia a sus amos, adivinando. Ésta, siguiendo a Pablo y a nosotros, daba voces, diciendo: Estos hombres son siervos del Dios Altísimo, quienes os anuncian el camino de salvación. Y esto lo hacía por muchos días; mas desagradando a Pablo, éste se volvió y dijo al espíritu: Te mando en el nombre de Jesucristo, que salgas de ella. Y salió en aquella misma hora (Hechos 16:16-18).

En este caso, obró una especie de "doble discernimiento". El espíritu de adivinación (*pitón*), le dio a la muchacha la habilidad de discernir al Espíritu Santo en Pablo y sus compañeros. Pablo, por otro lado,

El vidente

obviamente reconoció que había un espíritu que actuaba en esa mujer, porque ella era adivinadora. Su descripción de Pablo y de sus colegas era precisa, pero venía de una fuente diabólica. La presencia de un espíritu así estaba apagando y obstruyendo la obra del Espíritu Santo, por eso Pablo se dirigió al espíritu y lo echó fuera de ella.

Algunos de los "síntomas" comunes de la presencia de un espíritu de maldad en un lugar, son una atmósfera opresiva, un sentido de confusión, una sensación abrumadora de soledad o tristeza, un sentir de presión y depresión. Estos son solo unos pocos ejemplos; pero hay muchos más.

EL PROPÓSITO DEL DON DE DISCERNIMIENTO

Dios nunca otorga los dones o imparte habilidades espirituales sin ninguna razón. ¿Por qué es el don de discernimiento, y el discernimiento de espíritus en particular, tan importante? Hay seis propósitos para este don en la vida de la Iglesia:

1. Liberación de demonios

Los demonios deben ser discernidos y expuestos antes de que se pueda tratar con ellos. Marcos 5:1-19 nos relata la historia de un hombre poseído por una "legión" de demonios, que fue liberado ante la orden del Señor. El Nuevo Testamento contiene numerosos ejemplos de personas endemoniadas que fueron liberadas por Jesús o sus seguidores. Este ministerio es esencial hoy. Que la oración de Jesús pueda ser respondida: *"¡Líbranos del mal!"*

2. Revelar los siervos de satanás

Cierta vez, cuando Pablo anunciaba la palabra del Señor a un procónsul romano, se le opuso un mago de nombre Elimas.

Pero les resistía Elimas, el mago (pues así se traduce su nombre), procurando apartar de la fe al procónsul. Entonces Saulo, que también es Pablo, lleno del Espíritu Santo, fijando en él los ojos, dijo: ¡Oh, lleno de todo engaño y de toda maldad, hijo del diablo, enemigo de toda justicia! ¿No cesarás de trastornar los caminos rectos del Señor? Ahora, pues, he aquí la mano del Señor está contra ti, y serás ciego, y no verás el sol por algún tiempo. E inmediatamente cayeron sobre él oscuridad y tinieblas; y andando alrededor, buscaba quien le condujese de la mano. Entonces el procónsul, viendo lo que había sucedido, creyó, maravillado de la doctrina del Señor (Hechos 13:8-12).

3. Exponer y vencer las obras y las declaraciones de los demonios
Esto está claramente ilustrado en Hechos 16:16-18, cuando Pablo echó el espíritu de adivinación de la muchacha esclava. Las palabras de maldición pueden ser discernidas y estos obstáculos pueden ser rotos en el nombre de Jesús. He visto la atmósfera cambiar por completo al ser tomada la autoridad sobre las palabras de maldición, e invocado el poder de la bendición de Dios. ¡Mayor es el poder de la bendición que el de la maldición!

4. Exponer el error
Discernir los espíritus revela no solo a los agentes de Satanás, sino también los errores de sus enseñanzas: *"Pero el Espíritu dice claramente que en los postreros tiempos algunos apostatarán de la fe, escuchando a espíritus engañadores y a doctrinas de demonios"* (1 Timoteo 4:1). Esta operación del Espíritu Santo es esencialmente necesaria en ciudades "religiosas". Que Dios tenga misericordia de nosotros y nos libre de los efectos adormecedores de los espíritus religiosos. ¡Donde está el Espíritu del Señor hay libertad!

5. Reconocer y confesar a Cristo
"Por tanto, os hago saber que nadie que hable por el Espíritu de Dios llama anatema a Jesús; y nadie puede llamar a Jesús Señor, sino por el Espíritu Santo" (1 Corintios 12:3). Se necesita de Dios para conocer a Dios. Atraiga la presencia manifiesta del Espíritu Santo, y observe cómo cae la convicción de pecado sobre la gente. Cuando el espíritu de profecía se derrama, la gente cae de rodillas y declara que Jesús es el Señor (1 Corintios 14:24-25).

6. Conocer el mover de Dios para cooperar con Él
"El viento sopla de donde quiere, y oyes su sonido; mas ni sabes de dónde viene, ni a dónde va; así es todo aquel que es nacido del Espíritu" (Juan 3:8). A menos que reconozcamos (discernamos) dónde y cómo se mueve el Espíritu Santo, nos encontraremos a nosotros mismos obrando en dirección opuesta a Él, aún sin intenciones de hacerlo. La sensibilidad en este punto puede ayudarnos a asegurarnos que siempre actuemos en armonía con el Espíritu Santo. Declare conmigo: "Ven, Espíritu Santo. ¡Revela a Jesús!" Mi amiga Jill Austin, del ministerio Master Potter, se mueve grandemente en esta forma. He estado muchas veces con ella cuando discierne el mover corporativo de Dios y, al igual que en el pasado

El vidente

John Wimber de Vineyard, declara: "Ven, Espíritu Santo". Les aseguro que el lugar se llena de poder.

PRINCIPIOS PARA OPERAR EN EL DON DE DISCERNIMIENTO

Así como hay seis propósitos para el don de discernimiento de espíritus, también quiero indicar seis principios para crecer en nuestro caminar y operar efectivamente en él.

1. Cultive el don

Podemos cultivar el don de discernimiento si ejercitamos diariamente nuestros sentidos espirituales, si aprendemos a dar una interpretación espiritual a lo que nuestros sentidos normales perciben durante una experiencia visionaria. Recuerde Hebreos 5:14: *"Pero el alimento sólido es para los que han alcanzado madurez, para los que por el uso tienen los sentidos ejercitados en el discernimiento del bien y del mal"*.

2. Pruebe los espíritus

No suponga automáticamente que todas las visiones o presencias espirituales son de Dios. Él nos ordena probar los espíritus, para poder distinguir entre lo verdadero y lo falso:

Amados, no creáis a todo espíritu, sino probad los espíritus si son de Dios; porque muchos falsos profetas han salido por el mundo. En esto conoced el Espíritu de Dios: todo espíritu que confiesa que Jesucristo ha venido en carne, es de Dios; y todo espíritu que no confiesa que Jesucristo ha venido en carne, no es de Dios; y este es el espíritu del anticristo, el cual vosotros habéis oído que viene, y que ahora ya está en el mundo (1 Juan 4:1-3).

3. Examine el fruto

Una de las mejores formas de probar los espíritus es observar los resultados, teniendo en cuenta que el fruto tarda tiempo en desarrollarse. Esa es la razón por la cual debemos ser cuidadosos en no entrar prontamente en juicio con respecto a si algo es de Dios o no, porque observar lleva un poco de tiempo. Sin embargo, necesitamos también ser sensibles al "olor" del fruto podrido, así podremos cortarlo en flor. ¿La actividad atrae la gente a Cristo o la aleja de Él? ¿Los incentiva a la rectitud o los lleva a la iniquidad? Jesús dijo:

Discernimiento de espíritus

Por sus frutos los conoceréis. ¿Acaso se recogen uvas de los espinos, o higos de los abrojos? Así, todo buen árbol da buenos frutos, pero el árbol malo da frutos malos. No puede el buen árbol dar malos frutos, ni el árbol malo dar frutos buenos. Todo árbol que no da buen fruto, es cortado y echado en el fuego. Así que, por sus frutos los conoceréis (Mateo 7:16-20).

4. El discernimiento de espíritus *no* es el don de sospecha
Es fácil caer en la trampa de usar este don para "ver" cosas en la gente y "reportar" lo que vemos en una manera que los hiere o los daña. Al igual que todos los otros dones espirituales, este nunca debería ser usado para el chusmerío, la difamación o la manipulación, sino para la edificación y sanidad de aquellos que son del Cuerpo de Cristo.

5. ¡Sabiduría, sabiduría, sabiduría!
La sabiduría es absolutamente necesaria al ejercitar el don de discernimiento. Para que este don sea explosivo y una bendición para nosotros y para los demás en el Cuerpo de Cristo, debemos buscar sabiduría de lo alto, una sabiduría que está más allá de nuestra experiencia o facultades humanas. Tal sabiduría solo viene de Dios.

6. ¡Interceda!
Junto con el don de discernimiento puede venir la fe para orar o actuar en autoridad. Esto es cierto con respecto a todos los demás dones. Primero debemos orar por nuestra revelación al Padre y buscar su aplicación. Luego podemos escoger o ser guiados por el Espíritu para soltar una orden y reprender al espíritu discernido. La clave, sin embargo, es *siempre* orar primero por discernimiento, para que podamos saber qué hacer en cada situación específica.

El don de discernimiento de espíritus es necesario hoy. La liberación es necesaria hoy. ¡Las fuerzas y ayudas sobrenaturales son necesarias hoy! Aunque el término "vidente" es usado en todo el Antiguo Testamento, técnicamente no es usado en el Nuevo. Es mi opinión que el don de discernimiento de espíritus abarca esas capacidades perceptivas del vidente. Pidámoslas y recibámoslas para la edificación del Cuerpo de Cristo.

SECCIÓN TRES

*Sueños, visiones y otras
manifestaciones celestiales*

Capítulo 7

El lenguaje de los sueños

Hablando en términos generales, el Espíritu Santo usa tres maneras de revelación para hablar a nuestras vidas: sueños, visiones y trances. En este y los próximos dos capítulos veremos más de cerca cada uno de ellos, respectivamente.

Los sueños están íntimamente relacionados con las visiones. La mayor diferencia es que los sueños ocurren durante las horas de descanso, mientras que las visiones generalmente tienen lugar cuando uno está completamente despierto y consciente. Ambas maneras de revelación visual tienen un precedente bíblico sólido: *"Cuando haya entre vosotros profeta de Jehová, le apareceré en visión, en sueños hablaré con él"* (Números 12:6).

El Señor habló estas palabras a María y Aarón, cuando ellos desafiaban la posición de autoridad de Moisés como vocero de Dios a los israelitas. Él prosiguió diciendo que su relación con Moisés era diferente, porque Él le hablaba a su siervo cara a cara o, literalmente, "boca a boca" (Números 12:8). Para nuestro propósito, el punto pertinente es que Dios claramente establece aquí que los sueños y las visiones son los métodos que Él usará para hablar con sus profetas, en el pasado, presente y futuro.

Mientras que los sueños son una parte específica del ministerio profético, no están limitados solamente a los dotados proféticamente. Joel 2:28 dice: *"Y después de esto derramaré mi Espíritu sobre toda carne, y profetizarán vuestros hijos y vuestras hijas; vuestros ancianos soñarán sueños, y vuestros jóvenes verán visiones"*. Esta Escritura se cumplió en el día de Pentecostés, y continúa cumpliéndose en nuestros días. Es tiempo de que la Iglesia retorne a una comprensión bíblica de los sueños como un método para discernir la voz de Dios.

EJEMPLOS BÍBLICOS DE SUEÑOS DE DIOS

Como dice en Números 12:6, Dios a veces les habla a sus profetas a través de sueños. Hay muchos casos en La Biblia. Por ejemplo, en Génesis 15:12-17, Dios le habló a Abraham en un sueño respecto a los años de esclavitud que sus descendientes tendrían que soportar en Egipto, así como también de su liberación final y su establecimiento en la Tierra Prometida. La ocasión de este sueño se enmarca en el pacto entre Dios y Abraham. Aunque mucha gente piensa en Abraham como patriarca, Génesis 20:7 también lo describe como profeta; es la primera persona en La Biblia así designada.

Dios también usó sueños para hablarle a Jacob, el nieto de Abraham, quien también era un patriarca y, según Salmos 105:15, también un profeta. En el primero de esos sueños, Jacob vio una escalera que se extendía hacia el cielo, con ángeles ascendiendo y descendiendo de ella. En el extremo superior estaba el Señor, quien prometió estar con Jacob, prosperarlo, hacer de sus descendientes una gran nación y llevarlos a una tierra que se las daría en posesión (Génesis 28:12-15). Esto era una repetición de la promesa que Dios le había hecho a Abraham. También es interesante que Génesis 28 despliega para nosotros la comprensión de lo que son los "cielos abiertos". ¿No es eso lo que nosotros queremos sobre nuestras vidas, iglesias y ciudades?

Daniel es otro ejemplo del Antiguo Testamento de alguien que recibió sueños del Señor. El séptimo capítulo del libro de Daniel nos relata su sueño de grandes y temibles criaturas, que representan reinos terrenales y su consiguiente derrota por parte del Hijo del Hombre. Con la posible excepción de Ezequiel, ningún profeta del Antiguo Testamento fue más visionario que Daniel.

Los profetas no fueron las únicas personas en La Biblia en recibir sueños del Señor. Las Escrituras registran muchos ejemplos en donde Dios usó sueños para hablar a paganos, gente que no conocía ni temía a Dios. Su propósito siempre fue proteger a su pueblo y traer gloria a su nombre. Aquí hay algunos ejemplos:

1. Abimelec
Este rey pagano tomó a Sara, la esposa de Abraham, para su propio harén, al creer que era la hermana del patriarca. Dios intervino: *"Pero Dios vino a Abimelec en sueños de noche, y le dijo: He aquí, muerto eres, a causa de la mujer que has tomado, la cual es casada con marido"* (Génesis 20:3). Abimelec justamente expresó su inocencia en el caso. *"Y le dijo Dios en sueños: Yo también sé que con integridad de tu corazón has hecho esto; y yo también te detuve de pecar contra mí, y así no te permití que la tocases. Ahora, pues, devuelve la mujer a su marido; porque es profeta, y orará por ti, y vivirás. Y si no la devolvieres, sabe que de cierto morirás tú, y*

todos los tuyos" (Génesis 20:6-7). Abimelec hizo como le fue dicho, y todo estuvo bien.

2. Labán
El suegro de Jacob lo perseguía cuando este huyó con sus esposas, hijos y rebaños. Aparentemente Labán tenía intenciones de dañar, aún quizás de matar a su yerno. Al igual que con Abimelec, Dios intervino: *"Y vino Dios a Labán arameo en sueños aquella noche, y le dijo: Guárdate que no hables a Jacob descomedidamente"* (Génesis 31:24). Como resultado, Jacob y Labán se encontraron en paz y partieron en buenos términos.

3. Un soldado madianita
Dios había llamado a Gedeón a comandar un ejército de trescientos hombres para liberar su tierra de los invasores madianitas. Cuando Gedeón necesitaba aliento, Dios lo envió a "escuchar detrás de la puerta" en el campamento madianita:

Cuando llegó Gedeón, he aquí que un hombre estaba contando a su compañero un sueño, diciendo: He aquí yo soñé un sueño: Veía un pan de cebada que rodaba hasta el campamento de Madián, y llegó a la tienda, y la golpeó de tal manera que cayó, y la trastornó de arriba abajo, y la tienda cayó. Y su compañero respondió y dijo: Esto no es otra cosa sino la espada de Gedeón hijo de Joás, varón de Israel. Dios ha entregado en sus manos a los madianitas con todo el campamento. Cuando Gedeón oyó el relato del sueño y su interpretación, adoró; y vuelto al campamento de Israel, dijo: Levantaos, porque Jehová ha entregado el campamento de Madián en vuestras manos (Jueces 7:13-15).

¡No solo Dios le dio un sueño a un soldado pagano, sino que, además, le dio la interpretación a otro!

4. El copero y el panadero del Faraón
Cuando José estaba en prisión en Egipto, interpretó dos sueños: uno del copero y otro del panadero del Faraón. Ambos sueños tenían que ver con el futuro. Tal como José lo interpretó, tres días más tarde el copero fue puesto en libertad y restaurado a su trabajo, mientras que el panadero fue colgado (Génesis 40:1-23). Dios le dio sueños a dos egipcios no creyentes, y la interpretación de José para ellos fue el preludio de su liberación; la interpretación del

sueño de Faraón y su ascensión al segundo puesto de gobierno en Egipto.

5. Faraón
Génesis 41 nos relata el sueño de Dios dado a Faraón, en el cual se anticipaban siete años de abundancia seguidos de siete años de escasez. El único capaz de interpretar el sueño de Faraón fue José. En reconocimiento a la sabiduría y la perspicacia de José, Faraón lo elevó al puesto de primer ministro y lo puso a cargo del país y de la preparación para los siete años de hambre. Todo ello sirvió al propósito mayor de Dios, que era llevar a la familia de José a Egipto, donde ellos crecerían hasta convertirse en una gran nación, para ser liberados por Moisés 430 años más tarde.

6. Nabucodonosor
Fue uno de los gobernantes más impíos del mundo antiguo. Sin embargo, recibió un sueño de parte de Dios. Un sueño tan profundo y poderoso que el rey caldeo quedó obsesionado con conocer su significado. De todos sus sabios y oficiales, solo Daniel pudo interpretar el sueño del rey (Daniel 2:1-49). Como resultado, Nabucodonosor promovió a Daniel para gobernar sobre la provincia de Babilonia y sobre todos los hombres sabios del reino. Además, Nabucodonosor llegó a reconocer el poder y la gloria del Dios de Israel, quien le había dado el sueño y su interpretación.

7. Los sabios
Estos sabios o astrólogos del Oriente que vinieron a adorar al recién nacido Jesús, fueron avisados por Dios en un sueño, de no volver a Herodes (Mateo 2:12). Esto era parte del plan de Dios para proteger a su Hijo de los celos asesinos de Herodes.

8. La esposa de Pilato
Durante el juicio a Jesús, el procurador romano recibió una advertencia de su esposa: *"No tengas nada que ver con ese justo; porque hoy he padecido mucho en sueños por causa de él"* (Mateo 27:19). ¿Cómo supo ella que Jesús era un "justo"? Dios se lo reveló en su sueño.

La Biblia también nos habla de personas piadosas que, a pesar de no ser consideradas profetas, de todos modos recibieron sueños de Dios.

José, el hijo de Jacob, fue uno de ellos. En Génesis 37:5-11 José les contó a sus hermanos y a sus padres un sueño que había tenido, y que simbolizaba su gobierno sobre ellos y su sumisión ante él. Este evento condujo directamente al incidente en que los hermanos celosos de José lo vendieron como esclavo y fue a parar a Egipto. El sueño de José se volvió realidad muchos años después, cuando subió como primer ministro de Egipto, y sus hermanos, no reconociéndolo, se arrodillaron ante él pidiendo alimento para sus familias por causa de la gran hambruna. Que el Señor levante una vez más hombres y mujeres de revelación y excelencia, para dar el consejo justo de Dios a aquellos en autoridad.

El rey Salomón, hijo de David, fue otro "no profeta" que tuvo un sueño de Dios. *"Y se le apareció Jehová a Salomón en Gabaón una noche en sueños, y le dijo Dios: Pide lo que quieras que yo te dé"* (1 Reyes 3:5). ¡Qué oferta abierta! Salomón podía pedir cualquier cosa. Al final, el rey pidió solamente sabiduría para gobernar bien a su pueblo. Muy complacido con el pedido del rey, Dios hizo a Salomón el hombre más sabio que hubiera vivido jamás, y además le dio riquezas y honor, ¡los que no había solicitado!

José, el padre terrenal de Jesús, recibió tres sueños concernientes al embarazo y los primeros años del niño. El primer sueño revelaba que no debía temer de tomar a María como esposa, porque el niño que gestaba era del Espíritu Santo (Mateo 1:20). Después que Jesús nació, un ángel le advirtió a José en un sueño de tomar a María y Jesús y huir a Egipto para escapar de las garras de Herodes (Mateo 2:13). Y un ángel le dio instrucciones a José en sueños de regresar a Israel con su familia, ya que las condiciones habían mejorado (Mateo 2:19-20).

EL LENGUAJE SIMBÓLICO DE LOS SUEÑOS[19]

Los sueños son el lenguaje de las emociones, y con frecuencia contienen mucho simbolismo. Cuando hablamos del plano visionario profético, debemos aprender a tomar nuestras interpretaciones primero de La Biblia, y luego de nuestras propias vidas. Solo una vista rápida a los sueños en Las Escrituras nos ayudarán a aclarar la idea de que ellos están llenos de imágenes y elementos simbólicos. Un punto importante para recordar al tratar de entender el lenguaje de los sueños, es que Dios es consistente con su lenguaje simbólico. Como Él habla en Génesis es similar a como lo hace en Apocalipsis. A través de toda La Biblia, los tipos y símbolos se mantienen iguales. Esta misma consistencia de simbolismo es real también en nuestras vidas hoy.

El vidente

Hablando en términos generales, los símbolos bíblicos pueden ser clasificados en siete categorías:

1. **Acciones simbólicas**
En Efesios 2:4-6, Pablo dice que *"Dios (...) nos dio vida juntamente con Cristo (...) y juntamente con él nos resucitó, y asimismo nos hizo sentar en los lugares celestiales con Cristo Jesús"*. Dos acciones simbólicas –levantarnos y sentarnos– describen lo que Dios ha hecho por nosotros espiritualmente a través de Cristo. "Levantado" se refiere a la resurrección, y "sentado" simboliza un lugar de autoridad. Como cristianos hemos sido "levantados" a una nueva vida en Cristo y "sentados" a su lado para reinar con Él.

2. **Colores simbólicos**
En los sueños proféticos, los colores específicos con frecuencia simbolizan cosas determinadas. Esto es particularmente cierto para todo vidente. Luego veremos más de cerca el simbolismo de los colores.

3. **Criaturas simbólicas**
Dos ejemplos rápidos nos bastarán. *"Y fue lanzado fuera el gran dragón, la serpiente antigua, que se llama diablo y Satanás, el cual engaña al mundo entero; fue arrojado a la tierra, y sus ángeles fueron arrojados con él"* (Apocalipsis 12:9). Dos criaturas simbólicas –el dragón y la serpiente- son usados para representar a Satanás. *"Y vi salir de la boca del dragón, y de la boca de la bestia, y de la boca del falso profeta, tres espíritus inmundos a manera de ranas; pues son espíritus de demonios..."* (Apocalipsis 16:13-14a). En este ejemplo Juan usa una rana como una criatura simbólica de un espíritu inmundo.

4. **Direcciones simbólicas**
Por ejemplo, "arriba" generalmente significa hacia Dios o hacia la justicia; mientras que "abajo" significa lo contrario. *"Y tú, Capernaum, que hasta los cielos eres levantada [arriba], hasta el Hades [abajo] serás abatida"* (Lucas 10:15). En Génesis 12:10 Abraham *descendió* a Egipto (lejos de la tierra donde Dios lo había dirigido) para escapar de una gran hambruna; en Génesis 13:1 él *subió* de Egipto, regresó a su hogar.

5. Nombres simbólicos

Una característica común de los nombres en La Biblia, es que generalmente reflejan el carácter del individuo. *"No haga caso ahora mi señor de ese hombre perverso, de Nabal; porque conforme a su nombre, así es. Él se llama Nabal, y la insensatez está con él; mas yo tu sierva no vi a los jóvenes que tú enviaste"* (1 Samuel 25:25). Esta es la esposa de Nabal, Abigail, que le hablaba a David acerca de su marido, ¡y ella sabía lo que decía! El nombre "Nabal" literalmente significa "insensato". Por sus actos necios y desconsiderados contra David y sus hombres, Nabal concordaba con su nombre.

El segundo nombre de mi padre era Wayne. Mi segundo nombre también es Wayne. Este nombre significa "constructor de vagones" o "el que lleva la carga". Mi padre terrenal era carpintero, tenía un comercio de maderas y trabajaba con vagones. Si bien no soy carpintero, soy un constructor, pero de una casa espiritual. De hecho, una de las grandes pasiones de mi vida es ser alguien que lleva la carga en intercesión profética. Los nombres tienen peso en el espíritu. Con frecuencia su significado es más que meramente simbólico.

6. Números simbólicos

Los números tienen un gran significado simbólico en toda La Biblia. El hombre fue creado el sexto día y Dios terminó su obra y descansó el séptimo. La introducción e interpretación de estos números es consistente a lo largo de toda La Escritura. Examinaremos también la simbología de los números más adelante.

7. Objetos simbólicos

"Y yo también te digo, que tú eres Pedro, y sobre esta roca edificaré mi iglesia; y las puertas del Hades no prevalecerán contra ella" (Mateo 16:18). En este versículo Jesús usa dos objetos simbólicos: una roca, que representa a Pedro (o quizás a sí mismo, en un juego de palabras), y una puerta, que representa la entrada al reino de las tinieblas. Una roca como símbolo, para el Señor es bastante común en Las Escrituras (Salmos 18:2; 1 Corintios 10:4). Muchos otros objetos comunes son usados en una forma similar, tal como escudos, arpas, copas, candelabros, etc.

El uso de colores simbólicos en los sueños proféticos merece una investigación más profunda. Los colores son altamente simbólicos en La

El vidente

Biblia. Los colores representan cosas, cualidades o características específicas. Aquí hay varios de los más comunes:

1. **Ámbar**, la gloria o la presencia de Dios.
"De pronto me fijé y vi que del norte venían un viento huracanado y una nube inmensa rodeada de un fuego fulgurante y de un gran resplandor. En medio del fuego se veía algo semejante a un metal refulgente" (Ezequiel 1:4 NVI). Ámbar no es oro, sino algo de un color tan brillante que se compara con el fuego, un color muy apropiado para representar la gloria de Dios.

Como soy vidente, cierta vez experimenté la belleza de Dios cuando vi una sustancia ámbar que parecía estar llena de vida. En esa visión interactiva, cuando extendí mi mano hacia ese material resplandeciente, fui tocado en gran manera por la brillante presencia del Señor. Encontré la gloria de Dios y fui cambiado.

2. **Negro**: el pecado o el hambre.
"Cuando abrió el tercer sello, oí al tercer ser viviente, que decía: Ven y mira. Y miré, y he aquí un caballo negro; y el que lo montaba tenía una balanza en la mano. Y oí una voz de en medio de los cuatro seres vivientes, que decía: Dos libras de trigo por un denario, y seis libras de cebada por un denario; pero no dañes el aceite ni el vino" (Apocalipsis 6:5-6).

3. **Azul**: el cielo o el Espíritu Santo.
"Habla a los hijos de Israel, y diles que se hagan franjas en los bordes de sus vestidos, por sus generaciones; y pongan en cada franja de los bordes un cordón de azul" (Números 15:38). El azul es con frecuencia interpretado como las promesas de Dios y/o la actividad profética del Espíritu Santo.

4. **Carmesí o escarlata**: sangre expiatoria; sacrificio
"Venid luego, dice Jehová, y estemos a cuenta: si vuestros pecados fueren como la grana, como la nieve serán emblanquecidos; si fueren rojos como el carmesí, vendrán a ser como blanca lana" (Isaías 1:18).

5. **Púrpura**: realeza; majestad.
"Y los soldados entretejieron una corona de espinas, y la pusieron sobre su cabeza, y le vistieron con un manto de púrpura" (Juan 19:2).

6. **Rojo:** derramamiento de sangre; guerra.
"Y salió otro caballo, bermejo; y al que lo montaba le fue dado poder de quitar de la tierra la paz, y que se matasen unos a otros; y se le dio una gran espada" (Apocalipsis 6:4).

7. **Blanco:** pureza, luz, rectitud.
"Y miré, y he aquí un caballo blanco; y el que lo montaba tenía un arco; y le fue dada una corona, y salió venciendo, y para vencer" (Apocalipsis 6:2). El reconocido Derek Prince interpretó el caballo blanco como el corcel del evangelio de la paz que Jesús monta, el cual sale para conquistar las naciones. Históricamente, los tiempos de guerra (el caballo rojo o bermejo) son precedidos por tiempos de avivamiento espiritual y renovación (el caballo blanco). Dios siempre envía a una tierra el testimonio, antes que estalle una guerra. Históricamente, he visto ocurrir esto mismo vez tras vez.

8. **Verde:** vida; los levitas, intercesión.
"Bendito el varón que confía en Jehová, y cuya confianza es Jehová. Porque será como el árbol plantado junto a las aguas, que junto a la corriente echará sus raíces, y no verá cuando viene el calor, sino que su hoja estará verde; y en el año de sequía no se fatigará, ni dejará de dar fruto" (Jeremías 17:7-8).

LA INTERPRETACIÓN Y EL SIGNIFICADO DE LOS NÚMEROS SIMBÓLICOS

Los números son ampliamente simbólicos en La Biblia, tanto como en los sueños proféticos. Debemos tener mucho cuidado al interpretar su significado adecuadamente. Aquí hay seis principios básicos para interpretar los números simbólicos, que nos ayudarán a evitar cometer errores o irnos a los extremos.

1. Los números simples del 1 al 13 con frecuencia tienen significado espiritual.
2. Los múltiplos de esos números, duplos o triplos, tienen básicamente el mismo significado, solo que intensifican la verdad. El número 100, por ejemplo, tendría el mismo significado que el 10 (ley o gobierno; ver debajo), pero a un grado más elevado.
3. El primer uso de un número en Las Escrituras generalmente transmite su significado espiritual.
4. Los números deben ser interpretados consistentemente a través

de todas Las Escrituras. Dios mismo es consistente, y lo que un número significa en Génesis, seguirá significando en Apocalipsis.
5. El significado espiritual no siempre se declara, sino que puede estar velado u oculto, y debe ser visto en comparación con otros pasajes.
6. Generalmente hay en los números un aspecto del bien y el mal, la verdad y el engaño, lo divino y lo satánico.

Con esos seis principios básicos en mente, consideremos el significado simbólico de los números individuales:

- **Uno**: Dios, comienzo, fuente.

"*En el principio creó Dios [que es uno] los cielos y la tierra*" (Génesis 1:1). "*Mas buscad primeramente [prioridad número uno] el reino de Dios y su justicia, y todas estas cosas os serán añadidas*" (Mateo 6:33).

- **Dos**: testigo, testimonio.

"*Por dicho de dos o de tres testigos morirá el que hubiere de morir; no morirá por el dicho de un solo testigo*" (Deuteronomio 17:6). "*Y en vuestra ley está escrito que el testimonio de dos hombres es verdadero*" (Juan 8:17).

- **Tres**: deidad, plenitud divina.

"*Por tanto, id, y haced discípulos a todas las naciones, bautizándolos en el nombre del Padre, y del Hijo, y del Espíritu Santo [tres en uno]; enseñándoles que guarden todas las cosas que os he mandado; y he aquí, yo estoy con vosotros todos los días hasta el fin del mundo*" (Mateo 28:19-20).

- **Cuatro**: la tierra, creación, vientos, estaciones.

"*No toda carne es la misma carne, sino que una carne es la de los hombres, otra carne la de las bestias, otra la de los peces, y otra la de las aves [cuatro clases de carne en la creación]*" (1 Corintios 15:39). "*Y me dijo: Profetiza al espíritu, profetiza, hijo de hombre, y di al espíritu: Así ha dicho Jehová el Señor: Espíritu, ven de los cuatro vientos, y sopla sobre estos muertos, y vivirán*" (Ezequiel 37:9).

- **Cinco**: cruz, gracia, expiación.

Este número puede incluir, por ejemplo, los dones de los ministerios quíntuplos: *"Y él mismo constituyó a unos, apóstoles; a otros, profetas; a otros, evangelistas; a otros, pastores y maestros, a fin de perfeccionar a los santos para la obra del ministerio, para la edificación del cuerpo de Cristo, hasta que todos lleguemos a la unidad de la fe y del conocimiento del Hijo de Dios, a un varón perfecto, a la medida de la estatura de la plenitud de Cristo"* (Efesios 4:11-13).

• **Seis:** hombre, bestia, satanás.
El número de la bestia en Apocalipsis es el 666 (Apocalipsis 13:18). Como dijimos anteriormente, el hombre fue formado en el sexto día de la creación (Génesis 1:26-31).

• **Siete:** perfección, completo.
Dios completó su obra creadora en el séptimo día y descansó (Génesis 2:1-2). En el sexto capítulo de Josué, los israelitas marcharon alrededor de Jericó una vez por día durante seis días y al séptimo día dieron siete vueltas. Su marcha estaba completa, acabada, y ellos tocaron trompetas y gritaron hasta que los muros de Jericó cayeron.

• **Ocho:** nuevos comienzos.
Como una señal del pacto de Dios con Israel, cada hombre debía ser circuncidado cuando tenía ocho días de edad (Génesis 17:10-12). Cuando el Señor envió un gran diluvio sobre la Tierra, salvó a ocho personas (Noé y su familia) en un arca para comenzar de nuevo (1 Pedro 3:20). Muchos coinciden en que el movimiento profético moderno tuvo sus orígenes en 1988. Este fue un nuevo comienzo para el Cuerpo de Cristo.

• **Nueve:** finalidad, llenura.
Gálatas 5:22-23 nos presenta una lista de nueve aspectos del fruto del Espíritu: *"Mas el fruto del Espíritu es amor, gozo, paz, paciencia, benignidad, bondad, fe, mansedumbre, templanza; contra tales cosas no hay ley"*. 1 Corintios 12:8-10 enumera también nueve dones del Espíritu: *"Palabra de sabiduría, palabra de conocimiento, fe, sanidad, milagros, profecía, discernimiento de espíritus, lenguas e interpretación de lenguas"*.

• **Diez:** ley, gobierno.
El ejemplo más obvio de esto son los Diez Mandamientos, en Éxodo 20.

El vidente

- **Once:** desorganización, desorden, anticristo.

"*Y los diez cuernos significan que de aquel reino se levantarán diez reyes; y tras ellos se levantará otro [el undécimo], el cual será diferente de los primeros, y a tres reyes derribará. Y hablará palabras contra el Altísimo, y a los santos del Altísimo quebrantará, y pensará en cambiar los tiempos y la ley; y serán entregados en su mano hasta tiempo, y tiempos, y medio tiempo. Pero se sentará el Juez, y le quitarán su dominio para que sea destruido y arruinado hasta el fin*" (Daniel 7:24-26).

- **Doce:** gobierno divino, plenitud apostólica.

Había doce tribus en Israel (Éxodo 28:21) y Jesús escogió a doce discípulos (Mateo 10:2-4).

- **Trece:** rebelión, recaída, apostasía.

"*Doce años habían servido a Quedorlaomer, y en el decimotercero se rebelaron*" (Génesis 14:4). Esta es la primera aparición del número trece en Las Escrituras, la cual sienta la base para su interpretación en casos posteriores.

PUNTOS DE SABIDURÍA PARA RECORDAR

Los sueños y las visiones pueden ser emocionantes y maravillosos como medios para recibir revelación, siempre y cuando provengan de la fuente correcta. Recuerde que los sueños y las visiones pueden venir de tres lados: el mundo demoníaco, el alma humana (nuestra propia mente y espíritu) y el Espíritu Santo. Para ser efectivos, ya sea dando revelación como recibiéndola, debemos ser capaces de distinguir la fuente. Aquí es donde el don de discernimiento y la disciplina son tan importantes.

Otro factor importante es prestar atención al medio que nos rodea. Habrá ocasiones, por ejemplo, cuando tendremos que sacar de nuestros hogares cosas que no deberían estar allí, como ser objetos de culto, de ocultismo o hasta cosas que nos atan en el alma, antes de que nuestro sueño pueda ser plácido y nuestro medio ambiente esté limpio y listo para recibir revelación pura. Debemos ser cuidadosos en identificar y cerrarle las puertas a todas las potenciales entradas demoníacas a nuestro hogar, en el nombre de Jesús.

Viajo con frecuencia fuera del país, me gusta coleccionar banderas y muñecas de cada nación que visito. Con el correr de los años he amontonado un número bastante importante. Por momentos tengo que ser muy cuidadoso, especialmente cuando viajo a naciones con gran actividad demoníaca. En esos lugares, ciertos objetos, particularmente las muñecas, pueden ser usados para otros propósitos, además de *souvenirs* –brujería, por ejemplo. Estas son las clases de cosas a las que tenemos que vigilar de cerca con los ojos del discernimiento y, con oración, determinar si algo es seguro o necesita ser desechado.

Deuteronomio 13:1-5 contiene una advertencia de precaución para todos aquellos que dan o reciben revelación visionaria:

Cuando se levantare en medio de ti profeta, o soñador de sueños, y te anunciare señal o prodigios, y si se cumpliere la señal o prodigio que él te anunció, diciendo: Vamos en pos de dioses ajenos, que no conociste, y sirvámosles; no darás oído a las palabras de tal profeta, ni al tal soñador de sueños; porque Jehová vuestro Dios os está probando, para saber si amáis a Jehová vuestro Dios con todo vuestro corazón, y con toda vuestra alma. En pos de Jehová vuestro Dios andaréis; a Él temeréis, guardaréis sus mandamientos y escucharéis su voz, a Él serviréis, y a Él seguiréis. Tal profeta o soñador de sueños ha de ser muerto, por cuanto aconsejó rebelión contra Jehová vuestro Dios que te sacó de tierra de Egipto y te rescató de casa de servidumbre, y trató de apartarte del camino por el cual Jehová tu Dios te mandó que anduvieses; y así quitarás el mal de en medio de ti (Deuteronomio 13:1-5).

Aquí está el punto: los sueños y las visiones son maravillosos, pero nuestra vida es más que eso. Nuestra vida está en nuestro Maestro, Jesucristo. Algunos revelarán información verdadera y acertada y aún así, serán una herramienta de engaño usada por el enemigo para seducirnos, con el propósito de apartarnos y desviarnos de Cristo.

No se deje atrapar en el brillo y el *glamour* de la revelación de los videntes. Examine su mensaje. Observe su estilo de vida. ¿Cuál es su comportamiento? ¿Qué acciones está requiere? Si demandan algo contrario a los principios que están escritos en La Palabra de Dios, entonces están engañados. En el mejor de los casos, son inmaduros; en el peor de ellos, falsos profetas. No importa cuán genuinas parezcan sus visiones o cuán poderosos sean sus mensajes.

Siempre debemos estar en guardia para no ser engañados. Después de todo, no estamos solo siguiendo dones; seguimos a Jesús. Los sueños y las visiones son fantásticos, pero deben guiarnos a Jesús. Es Jesús a quien realmente queremos. ¡Que Él sea nuestra meta! En todo lo que alcancemos, asegurémonos de alcanzar a Jesús. En todo lo que "veamos", asegurémonos de ver a Jesús. Si llegamos a Jesús, llegaremos a Dios, su Padre; y si llegamos a Dios, alcanzaremos al autor de todos los sueños y las visiones auténticas. Estemos como Juan el discípulo amado, en la isla de Patmos: ¡en el Espíritu en el día del Señor y viendo a Jesús!

Capítulo 8

Niveles de visiones sobrenaturales

¿Cómo es que las visiones "ocurren"? En mi caso, ellas empezaron en lo que yo llamaría "imágenes mentales". Luego de ser lleno con el Espíritu Santo en 1972, comencé a recibir "flashes" de luz, imágenes mentales o cuadros que duraban un segundo o menos. En ese momento no sabía que eran "visiones" legítimas. No sabía cómo llamarlas. En aquellos días no había seminarios o conferencias, y había muy poco material escrito o enseñanza sobre visiones, ¡ni hablar de *El vidente*! A través de un lento proceso de crecimiento, gradualmente aprendí que esas "instantáneas" eran visiones del Espíritu Santo. A medida que crecía y maduraba en el área de las visiones, esas imágenes se fueron haciendo más frecuentes.

Una "instantánea" mental es una buena manera de describir cómo las visiones se producen. Piense en cómo funciona una cámara fotográfica. El diafragma se abre, permite que la luz entre por las lentes, e imprime en la película la imagen que está enfrente. Cuando la película se revela, entonces la imagen puede ser vista y analizada. En una visión, la "luz" del Señor entra por las "lentes" de nuestros ojos espirituales, e imprime una imagen en la "película" de nuestro corazón y nuestra mente. A medida que la imagen se "revela", obtenemos mayor entendimiento de lo que ella significa. La mayoría de las visiones son de naturaleza interna. Una imagen se arraiga en nuestra memoria, y podemos sacarla, mirarla y estudiarla cada vez que la necesitemos.

Otra manera de entender cómo ocurren las visiones es pensar en cada creyente en Cristo como una casa o un templo. En 1 Corintios 6:19 leemos que nuestros cuerpos son templos del Espíritu Santo. Como cristianos, tenemos a Jesús en el poder del Espíritu Santo que habita en nosotros; vive dentro de nuestra "casa". Las casas generalmente tienen ventanas, que permiten la entrada de la luz. Nuestros ojos son las ventanas de nuestra alma. A veces a Jesús, quien vive en nuestra casa, le gusta asomarse y mirar por

El vidente

su ventana y mostrarnos lo que Él ve. Allí es donde sucede la visión: vemos lo que Jesús ve cuando mira por las ventanas de su casa.

Sea que veamos externa o internamente, o como en pantalla gigante, eso no tiene importancia. Nuestra prioridad es ser sensibles al deseo del Espíritu de dejarnos ver lo que Él ve. Solo mire a través de los ojos de Jesús. ¡Él quiere hacerle ver lo que mira!

Las visiones sobrenaturales se encuentran relatadas a lo largo de toda La Biblia. Dentro de las páginas de Las Escrituras podemos identificar al menos doce clases o niveles diferentes de experiencias sobrenaturales visionarias. Examinemos cada una de ellas brevemente, avanzando progresivamente desde las más sencillas hasta las más profundas.

PERCEPCIÓN ESPIRITUAL
Yo hablo lo que he visto cerca del Padre (Juan 8:38a).

Como es el nivel más bajo de visión sobrenatural, la percepción espiritual puede o no incluir "ver" espiritualmente. La percepción no se limita a lo visual. La percepción espiritual está en el ámbito del saber, es una *impresión*. En este tipo de visión, una persona puede "ver" algo en su espíritu pero su mente no ve ninguna imagen.

El Espíritu a menudo nos revela cosas por una unción. Hasta podemos ser incapaces de describir esas cosas gráficamente. Con frecuencia, una corazonada, un impulso, un "entripado" que sentimos, se debe a una percepción en nuestro ser interior que recibe un guiño del Espíritu Santo.

Jesús anduvo en fe y siempre complació a su Padre (Juan 8:29). Él discernió (vio) las obras de su Padre y actuó consecuentemente: *"Yo hablo lo que he visto cerca del Padre"* (Juan 8:38a). También Él conoció (percibió lo profundo del corazón de) a todas las personas: *"Pero Jesús mismo no se fiaba de ellos, porque conocía a todos, y no tenía necesidad de que nadie le diese testimonio del hombre, pues él sabía lo que había en el hombre"* (Juan 2:24-25).

Parece que en la vida de Jesús, su ojo espiritual percibía cosas que su mente no siempre visualizaba. Estas percepciones espirituales pueden ser la operación de los dones de palabra de conocimiento, de sabiduría, de discernimiento de espíritus, de fe o aún de profecía. Generalmente, cuanto más alto es el nivel de la visión espiritual, mayor es la dimensión de vista espiritual. Al igual que usted, quiero seguir el ejemplo de Jesús y "hacer lo que veo hacer al Padre".

VISIÓN GRÁFICA

Cuando haya entre vosotros profeta de Jehová, le apareceré en visión, en sueños hablaré con él (Números 12:6b).

En una visión gráfica o ilustrada, una imagen es revelada y puede ser identificada y descrita en términos de dibujos. ¡Son las ayudas visuales del Espíritu Santo! Puede haber o no símbolos. Con frecuencia los dones de revelación vienen a nosotros en forma de visión gráfica, que vemos con nuestra vista interna. Sin embargo, también puede venir como una imagen superpuesta sobre un fondo. En otras palabras, podemos ver dos cosas a la vez; la escena principal en lo natural, con el objeto de la visión colocado sobre o alrededor de ella. Muchas veces veo pasajes bíblicos escritos en la frente de las personas. Esta es una herramienta muy útil, porque describe algo que ellos están meditando profundamente o sirve como medicina del Señor para ayudarlos en su situación presente o futura. A veces tengo que buscar el versículo y leérselos. Este nivel de visión se produce tanto en lo interno como en lo externo.

Para dar otro ejemplo: cuando oro por los enfermos, puedo "ver" una imagen de un órgano físico, un hueso u otra parte del cuerpo que titila en mi mente. Esto me indica por qué orar o me lleva al diálogo con la persona a ser ministrada. Una visión gráfica con frecuencia aparece cuando un cristiano ora por otro y el Espíritu Santo comienza a mostrarle esta clase de "instantáneas". La persona puede decir: "El Señor me muestra..." o "veo..." o "¿esta imagen te dice algo?", porque las visiones gráficas nos presentan distintas imágenes en la mente, y no solo en el espíritu, como en el caso de la percepción espiritual.

Hace unos años, cuando pastoreaba una iglesia en el medio oeste de Estados Unidos, "vi" una imagen de un estómago inflamado. Lo mencioné desde la plataforma, pero nadie pasó al frente con esa enfermedad en particular. Durante un tiempo no podía librarme de la visión. Luego, una mujer del grupo bajó las escaleras hacia la nursery que estaba en el subsuelo para ayudar a su hija que cuidaba a los niños de la iglesia. Cuando la jovencita subió las escaleras y atravesó las puertas del santuario, un "sentir" se disparó dentro de mí. Supe que era ella. Finalmente resultó que la joven tenía el estómago inflamado, un estado preulceroso. Pasó al frente, ¡y el poder del Espíritu Santo vino sobre ella y el Señor la sanó completamente!

Todo comenzó estando en la adoración, con una visión gráfica en mi mente del órgano afectado. Así es como generalmente suceden las visiones.

El vidente

VISIÓN PANORÁMICA
Y he hablado a los profetas, y aumenté la profecía, y por medio de los profetas usé parábolas (Oseas 12:10).

Una visión panorámica es una imagen mental en la cual una persona tiene una visión gráfica, no en forma fotográfica, sino en movimiento. Esta "imagen en movimiento" puede durar varios segundos, e incluir palabras oídas en el espíritu.

Una panorámica es una imagen que se despliega ante el espectador en una forma determinada, como para dar la impresión de una vista continuada. Hechos 9:10-16 registra dos visiones panorámicas. Primero, Ananías recibe una visión de que tiene que ir e imponer las manos sobre Saulo (más tarde, Pablo) para que recobre la vista. La segunda visión es la de Pablo mismo quien, a pesar de estar ciego, había *"visto en visión a un varón llamado Ananías, que entra y le pone las manos encima para que recobre la vista"* (Hechos 9:2). En ambos casos, la palabra griega para "visión" es *horama*, una de las raíces de la palabra "panorama". Es interesante que este término también es usado en el lenguaje cinematográfico: es panorámico. Tanto Ananías como Pablo vieron una imagen en movimiento de lo que iba a suceder.

Recuerdo cuando recibí mi llamado a las naciones, después de recibir oración del evangelista sanador Mahesh Chavda. Estaba tendido sobre el suelo y pude ver una lista de naciones impresas sobre un rollo delante de mis ojos. Esto ocurrió tres veces (¡creo que necesitaba entenderlo!). Por varios años he ministrado en todas las naciones que estaban escritas delante de mis ojos. Llevó veinte años, pero Dios ha sido fiel en cumplir la visión que me dio esa gloriosa mañana.

SUEÑO (VISIÓN ESTANDO DORMIDO)
En el primer año de Belsasar rey de Babilonia tuvo Daniel un sueño, y visiones en su cabeza mientras estaba en su lecho; luego escribió el sueño, y relató lo principal del asunto (Daniel 7:1).

Ya vimos los sueños y su lenguaje, pero repasémoslos brevemente para su comparación. Un sueño es una revelación visionaria del Espíritu Santo que uno recibe cuando está dormido. Los sueños sobrenaturales pueden suceder en cada nivel del sueño: descanso liviano, intermedio o profundo, o aún en estado de trance. Cada uno de los dones de revelación, o cualquier combinación de ellos, puede manifestarse en un sueño. Los símbolos pueden estar presentes o no. En cualquier situación, el guión entero puede ser revelado a través de un sueño.

Dice el autor del libro de Job:

> Sin embargo, en una o en dos maneras habla Dios, pero el hombre no entiende. Por sueño, en visión nocturna, cuando el sueño cae sobre los hombres, cuando se adormecen sobre el lecho, entonces revela al oído de los hombres, y les señala su consejo (33:14-16).

Dios quiere hablarnos, pero frecuentemente durante el día Él difícilmente puede "meter un bocadillo" o decir una palabra. Cuando estamos dormidos, sin embargo, nuestras almas se vuelven más reposadas e inclinadas a recibir de Él. Es allí cuando puede abrir nuestros oídos y darnos alguna enseñanza en varios niveles.

¡Debemos ser agradecidos con Dios por su persistencia! Después de todo, Él intenta hablarnos muchas veces durante el día, pero nosotros no lo escuchamos. En vez de desistir, Dios lo intenta nuevamente cuando estamos dormidos. Entonces envía sus agentes del servicio secreto –sus dones de revelación– para que vengan sobre nosotros en nuestros sueños. Dios entra silenciosamente en la noche y dice: "Quiero hablarte". De eso se tratan los sueños sobrenaturales.

Los sueños no suceden porque comimos mucha pizza, pickles u otra cosa por el estilo. Suceden por el amor de Dios, que quiere que miremos juntamente con Él. Quiere que veamos y escuchemos más de lo que nosotros mismos queremos ver y escuchar. Si le cuesta entrar por la puerta principal, entonces intentará por la de servicio, a través de los sueños.

MENSAJES AUDIBLES

Y hubo una voz de los cielos que decía: Este es mi Hijo amado, en quien tengo complacencia (Mateo 3:17).

A veces las revelaciones incluyen una voz que da un mensaje junto con la imagen visual. Otras veces, un mensaje es declarado en forma separada de la visión gráfica. Los mensajes audibles en la esfera celestial pueden contener palabras habladas u objetos que emiten sonidos. Podemos percibir esos mensajes dentro de nosotros con nuestros oídos espirituales o fuera de nosotros, con nuestros oídos físicos.

Las voces o sonidos que oímos internamente pueden ciertamente ser mensajes del Señor. Aquel que oímos desde afuera –un mensaje de lo alto y más allá de los oídos y la mente natural– es llamado "mensaje audible sobrenatural". Los mensajes audibles del Señor vienen de distintas maneras: el Espíritu Santo, Jesús, el Padre, ángeles u otros numerosos sonidos que Él usa.

El vidente

Las voces audibles que no nos son familiares pueden traer duda y confusión, o hasta temor. Los que se comportan misteriosamente, como si tuvieran algo que ocultar, son generalmente los espíritus engañadores o seductores. La palabra *oculto* significa "escondido". El enemigo trata de esconder, pero podemos ahogar a Satanás y a sus secuaces en la sangre de Jesús. Solo pruebe los espíritus para determinar si son de Dios.

Dios no es el autor de la duda, la confusión ni el temor. Cuando Él nos da su mensaje, aún a través de uno de sus ángeles, debemos sentir pureza y santidad; una reverencia y apertura al Señor, porque Él no tiene nada que ocultar. El Espíritu de Dios no tiene temor de ser probado. Nunca debemos tener miedo de ofender a Dios al probar los espíritus. Por el contrario, Dios es honrado cuando así hacemos, porque Él nos dice en su Palabra que lo hagamos (1 Juan 4:1-3).

La trágica mañana del 11 de septiembre de 2001, la voz del Espíritu Santo vino de una manera audible externamente. Él dijo: "¡Los cazadores acaban de ser soltados!" Estaba familiarizado con la palabra, ya que siempre había orado y llevado la carga de Dios por el pueblo judío. Luego sentí una urgencia de encender el televisor. Lo que vi –al igual que millones de personas– fueron las Torres Gemelas del World Trade Center que eran destruidas por terroristas. El Espíritu Santo estaba dando una porción de la interpretación de Dios a los eventos de nuestro tiempo, al advertirme: "¡Los cazadores acaban de ser soltados!" Ciertamente, vivimos tiempos donde el espíritu de terror, del anticristo y del antisemitismo están aumentando.

La Biblia está llena de ejemplos en donde personas oyeron hablar a Dios en voz audible:

- Dios habla desde los cielos cuando Jesús es bautizado (Mateo 3:17).
- Dios le habla a Pedro, Juan y Jacobo en el monte de la Transfiguración (Lucas 9:28-36).
- Un ángel le habla a Felipe (Hechos 8:26).
- El Señor Jesús le habla a Saulo en el camino a Damasco (Hechos 9:3-7).
- El Espíritu Santo le habla a los profetas, maestros y otros creyentes en Antioquía (Hechos 13:1-3).

No deberíamos temer ante la posibilidad de oír la voz audible del Señor. Jesús dijo que sus ovejas oían su voz y lo conocían (Juan 10:14). Él es un gran maestro, el mayor en toda la historia. Él es el Maestro, ¡y quiere que oigamos su voz más de lo que nosotros queremos oírla!

APARICIÓN

Y se le apareció un ángel del Señor puesto en pie a la derecha del altar del incienso (Lucas 1:11).

En este nivel de visión sobrenatural, una persona ve un ser que literalmente se le aparece "de la nada". Esta aparición puede ser observada con los ojos naturales, sea que estén abiertos o cerrados, y hasta puede convertirse en una experiencia tangible. En algunos casos, aún puede percibirse físicamente, sin ser obviamente visto. Es una aparición, una visita, pero no necesariamente una vista de algo.

Una aparición se diferencia de una visión gráfica en que es una visitación real –incluso palpable y audible– que ocurre fuera de la persona. Las visiones gráficas, por si mismas, son básicamente revelaciones simbólicas con imágenes mostradas en la mente por el Espíritu Santo. Estas imágenes pueden ser de una persona, un lugar, un objeto o la combinación de ambas. En una aparición, un objeto, lugar, persona, ángel o Jesús mismo, pueden aparecer realmente. Estas apariciones también pueden ser "interactivas".

Al igual que con la voz audible, La Biblia contiene muchos ejemplos de gente que experimentó apariciones. Aquí presentamos solo unos pocos:

• Jacob luchó físicamente con un ángel (Génesis 32:24-31).
• Josué vio a Jesús (en su forma preencarnada), el capitán del ejército del Señor (Josué 5:13-15).
• Zacarías vio al arcángel Gabriel (Lucas 1:11).
• María también vio al arcángel Gabriel (Lucas 1:26-38).
• Cristo resucitado se le apareció a sus seguidores en numerosas ocasiones durante cuarenta días después de su resurrección (Hechos 1:3).
• Los discípulos vieron al Espíritu Santo aparecer en el día de Pentecostés en forma de "lenguas de fuego" (Hechos 2:3).
• Un ángel se le apareció a Cornelio con un mensaje de Dios (Hechos 10:1-6).

Nunca olvidaré el otoño de 1993, cuando los ángeles de Dios vinieron e invadieron nuestro hogar con la presencia divina. Todo comenzó con la caída de un rayo en nuestro jardín; la luz blanca traspasó la ventana de nuestro dormitorio a las 23:59. Al ser despertado tan bruscamente, vi a un hombre parado en nuestro cuarto que me dijo: "Mira a tu esposa. Estoy a punto de hablarle". Esto dio lugar a un período de nueve semanas de visitaciones de fuego, ángeles del cielo, y la gloriosa intrusión de su presencia que encendieron a mi esposa. El cielo invadió nuestro hogar y mi esposa fue cambiada y "puesta a punto" por el poder y la presencia de Dios. Esta área es tan real, que si no lo creen ¡pregúntenle a mi esposa Michal Ann!

VISIÓN DIVINA
Entonces Moisés dijo: Iré yo ahora y veré esta grande visión, por qué causa la zarza no se quema (Éxodo 3:3).

Más que una simple visión espiritual, la visión divina es correr el velo para una revelación sobrenatural. Es similar a una aparición... Es un suceso real que ocurre fuera de la persona que la experimenta. Sin embargo, la visión no es de un ser sino de un objeto o actividad en el plano espiritual, que es revelado o descubierto al plano natural.

Cuando Moisés estaba cerca del monte Sinaí, vio una zarza de verdad que no se consumía, a pesar de estar ardiendo. El gran espectáculo que veía, sumado a la penetrante voz que escuchaba desde la zarza, eran manifestaciones divinas del Señor. En ese lugar santo el Señor conversó con Moisés y lo comisionó y ungió para librar a su pueblo Israel de la esclavitud egipcia.

Otros ejemplos bíblicos de visiones divinas incluyen:

• En el tiempo en que Dios dio a Moisés la Ley divina, en el monte Sinaí, Él descendió sobre la montaña en forma de truenos, rayos, fuego y humo (Éxodo 19:16-18).
• Moisés y los ancianos vieron al Señor sobre un suelo embaldosado de zafiros bajo sus pies (Éxodo 24:9-10).
• Cuando el templo que edificó Salomón fue dedicado, la nube de la gloria del Señor descendió y llenó el lugar (2 Crónicas 5:13-14).
• Mientras Saulo iba camino a Damasco, una luz del cielo, la cual sobrepasaba el resplandor del primer cielo, brilló a su alrededor y pudo ver a Jesús (Hechos 26:13 19).

CIELOS ABIERTOS
Aconteció en el año treinta, en el mes cuarto, a los cinco días del mes, que estando yo en medio de los cautivos junto al río Quebar, los cielos se abrieron, y vi visiones de Dios (Ezequiel 1:1).

El "cielo abierto" es una visión en la cual el reino celestial es revelado y las visiones de Dios se vuelven visibles. Es como si se hiciera un

Niveles de visiones sobrenaturales

agujero en medio del cielo. El término "cielos abiertos" se originó en épocas históricas de avivamiento, para describir aquellas ocasiones en que la presencia manifiesta de Dios parecía descender en una manera tangible, y la convicción de pecado, conversiones y sanidades físicas tenían lugar sobrenaturalmente. Ahora avanzamos de una era de renovación profética, a una nueva era del mover del Espíritu Santo. Estamos cruzando el umbral hacia un período de cielos abiertos, para que ciudades y regiones enteras sean visitadas por la presencia del Todopoderoso.

Se encuentran ejemplos de cielos abiertos a través de toda La Biblia, pero aquí hay cuatro ejemplos:

• Ezequiel declara que *"los cielos se abrieron"*. Luego describe una gran nube enviada por Dios para proteger a Ezequiel de su brillo. Entonces comienza a ver una luz brillante, resplandeciente; ángeles y otros detalles (Ezequiel 1:1-4).

• En el bautismo de Jesús, "los cielos fueron abiertos" y el Espíritu Santo descendió sobre Él en forma de paloma. Luego el Padre dijo en forma audible: *"Este es mi Hijo amado, en el cual tengo complacencia"* (Mateo 3:16-17).

• Cuando Esteban estaba siendo apedreado por predicar el evangelio, alzó sus ojos al cielo y vio "los cielos abiertos y al Hijo del Hombre que está a la diestra de Dios" (Hechos 7:55-56).

• El apóstol Juan era casi de ochenta años cuando estaba exiliado en la isla de Patmos. Mientras se hallaba meditando en el día del Señor, él oyó una voz y vio *"una puerta abierta en los cielos"*. Luego le fue mostrado al que está sentado sobre el trono, y recibió muchos mensajes detallados de parte del Señor.

El libro *The Heavens Opened* ("Los cielos abiertos"), de Anna Rountree, describe vívidamente un ejemplo moderno de "cielos abiertos". De una manera similar a la de Juan, en la noche del Januká de 1994, en una cabaña a orillas de un lago en Texas, los cielos se abrieron. Anna fue cautivada por una visión estremecedora del ataque brutal de Satanás a la Iglesia. De pronto, la revelación la llevó a una escalera hacia el cielo verdadero, por donde ella logró escapar al terrible ataque. Allí Anna fue recibida y enseñada por los ángeles y por el mismo Señor Jesús. Al final del encuentro, ella estaba de pie temblando ante Dios el Padre, y Él le

El vidente

ordenó que diera a conocer lo que había visto y oído. El Señor la comisionó para componer "las cartas desde el hogar para los que extrañan", y volcar su corazón de amor infinito hacia sus hijos y hacia los perdidos.

Este es solo un ejemplo de vasijas auténticas y humildes de nuestros días, que reciben cielos abiertos y otras experiencias de revelación en sus vidas. Estas experiencias están aumentando. ¡Con el correr de estos "últimos tiempos" estos encuentros se multiplicarán notablemente!

TRANCE

Y me aconteció, vuelto a Jerusalén, que orando en el templo me sobrevino un éxtasis (Hechos 22:17).

A causa de que es un término que se ha prestado para malos entendidos, quizás por su asociación con la Nueva Era y el ocultismo, debemos ser muy cuidadosos en tratar el tema de los trances. Por esta razón, el próximo capítulo está dedicado a tocar en profundidad este tipo de visión. Por el momento, aquí veremos solo una descripción breve.

Un trance es más o menos un estado de aturdimiento en donde el cuerpo de una persona es tomado por el Espíritu Santo, y su mente puede ser arrebatada y sometida a visiones y revelaciones que Dios desea impartir. La palabra griega del Nuevo Testamento para trance es *ekstasis*, de donde deriva nuestra palabra "éxtasis". Básicamente, un trance es una excitación del cuerpo físico producida sobrenaturalmente. Generalmente, una persona en trance queda estupefacta, cautiva, presa y puesta en un estado mental supranormal (por encima de lo normal o anormal). El *Diccionario Expositivo Vine de palabras del Nuevo Testamento* define un trance como "la condición en la cual la conciencia normal y la percepción de las circunstancias naturales fueron retenidas, y el alma fue susceptible solo de la visión impartida por Dios".[21] Otra definición de trance es un estado de rapto en donde uno es llevado cautivo al mundo espiritual como para recibir únicamente aquellas cosas que el Espíritu Santo habla.

Seguidamente, hay ocho ejemplos bíblicos que describen varias formas del estado de trance:

- Espanto (Marcos 16:8).
- Asombro (Marcos 5:42).
- Caer como muerto (Apocalipsis 1:17) (La palabra *ekstasis* no se usa aquí, pero la condición de caer como si se estuviera muerto describe acertadamente el estado de trance.)

- Un gran temor (Daniel 10:7).
- Un temblor o sacudirse (Job 4:14).
- Un poder repentino (Ezequiel 8:1).
- La mano de Jehová (Ezequiel 1:3).
- Un sueño profundo del Señor (Job 33:15; Daniel 8:18).

EXPERIENCIA FUERA DEL CUERPO

Y aquella figura extendió la mano, y me tomó por las guedejas de mi cabeza; y el Espíritu me alzó entre el cielo y la tierra, y me llevó en visiones de Dios a Jerusalén (Ezequiel (8:3a).

Una experiencia fuera del cuerpo es una proyección real del espíritu de la persona que sale de su cuerpo. Cuando Dios inspira una experiencia tal, Él pone una fe, unción y protección especial alrededor del espíritu de la persona, para que ésta pueda desenvolverse en ese terreno a donde el Señor la lleva.

En una experiencia fuera del cuerpo, el espíritu humano literalmente abandona el cuerpo físico y comienza a viajar a la dimensión espiritual por el Espíritu del Señor. Una vez fuera, el entorno se ve diferente de lo que se vería naturalmente, pues ahora son los ojos espirituales y no los físicos los que miran. El Señor dirige los ojos para ver lo que Él quiere que vean, en la manera exacta en que quiere que lo vean.

Ezequiel es el principal ejemplo de una persona que tuvo experiencias fuera del cuerpo:

- *"Y me levantó el Espíritu..."* (Ezequiel 3:12-14).
- *"Él (...) me tomó por las guedejas de mi cabeza; y el Espíritu me alzó entre el cielo y la tierra..."* (Ezequiel 8:1-3).
- *"El Espíritu me elevó y me llevó..."* (Ezequiel 11:1-2).
- *"La mano de Jehová vino sobre mí, y me llevó en el Espíritu de Jehová, y me puso en medio de un valle que estaba lleno de huesos..."* (Ezequiel 37:1-4).
- *"Y me alzó el Espíritu, y me llevó al atrio interior"* (Ezequiel 43:5-6).

Aparentemente, también Pablo tuvo una experiencia fuera del cuerpo. Muchos eruditos creen que Pablo se refería a sí mismo cuando escribió:

Conozco a un hombre en Cristo, que hace catorce años (si en el cuerpo, no lo sé; si fuera del cuerpo, no lo sé; Dios lo sabe) fue arrebatado hasta el tercer cielo. Y conozco al tal hombre (si en el cuerpo, o fuera del cuerpo, no lo sé; Dios lo sabe), que fue arrebatado al paraíso, donde oyó palabras inefables que no le es dado al hombre expresar (2 Corintios 12:2-4).

Mire el modo en que Pablo habla de este mundo santo y maravilloso. No hace mucho alarde de ello. Sea que estuviera dentro o fuera del cuerpo, no era el asunto. El tema era lo que había aprendido de la experiencia. ¿Cuál era el mensaje y cuál fue el fruto?

Al igual que con el trance, esta es una experiencia visionaria a la que debemos aproximarnos con cautela, por sus asociaciones con el ocultismo en la mente de muchas personas. Existen imitaciones para cada experiencia verdaderamente inspirada por el Espíritu Santo. Externamente puede parecer que hay poca diferencia, pero internamente la diferencia es enorme, tanto en el fruto como en el propósito. ¡Nunca debemos *meternos* nosotros mismos en experiencias así! Este tipo de experiencia *solo* debe ser inducida e iniciada por Dios.

No es autoproyección o alguna clase de viaje astral. No es buscar salir de nosotros mismos; eso sí roza con lo oculto y la hechicería. Dios, por su iniciativa y a través del Espíritu Santo, puede si lo desea elevarnos a una dimensión espiritual, pero no debemos proyectarnos nosotros mismos hacia ningún lado.

Cuando los espiritistas, brujos y practicantes de yoga hacen esto sin el Espíritu Santo, y parecen prosperar en ello, es solo porque ellos no representan ninguna amenaza para Satanás. Ya están engañados. Sea que lo sepan o no, ya están ligados a él y no son sus enemigos.

No deje que el enemigo le robe lo que Dios ha preparado. No tenga temor de las maneras poco usuales que tiene el Espíritu Santo, pero tampoco se meta en ningún tipo de actividad autoinducida.

TRASLACIÓN
Cuando subieron del agua, el Espíritu del Señor arrebató a Felipe; y el eunuco no le vio más, y siguió gozoso su camino (Hechos 8:39).

La traslación (transportación o translocación sobrenatural) se define más correctamente como una experiencia física real y no solo como una visión. Pero cuando este tipo de experiencias sobrenaturales ocurren, los individuos pueden ver varias cosas del lugar donde él o ella han sido transportados. De todos los niveles de actividad mencionados hasta ahora, personalmente no he experimentado aún este tipo de revelación.

Tengo amigos que cuentan historias increíbles de eventos así. En cuanto a mí, le pido al Señor que Él me conceda todo lo que tiene preparado y desea para mí.

Aquí mencionamos algunos ejemplos bíblicos:
Jesús fue trasladado a otro lugar, luego de ser tentado por el diablo en el desierto (Mateo 4:3-5). Felipe el evangelista fue trasladado, luego de anunciar el evangelio al etíope (Hechos 8:39). Pedro fue trasladado fuera de la prisión, pero mientras eso ocurría él no se daba cuenta. En lo que él entendía, estaba solo teniendo una visión o un sueño. Aunque no hay manera de saberlo por cierto, esta puede haber sido alguna forma de traslación (Hechos 12:8-9).

VISITACIÓN CELESTIAL

Conozco a un hombre en Cristo, que hace catorce años (si en el cuerpo, no lo sé; si fuera del cuerpo, no lo sé; Dios lo sabe) fue arrebatado hasta el tercer cielo (2 Corintios 12:2).

La Biblia se refiere a tres cielos:

1. El cielo inferior. La atmósfera que rodea la tierra (Mateo 16:1-3).

2. El segundo cielo. El ámbito estelar que llamamos espacio exterior, donde están el Sol, la Luna, los planetas y las estrellas (Génesis 1:16-17).

3. El tercer cielo. El más alto. El centro alrededor del cual giran todos los reinos. Es el paraíso, la morada de Dios, sus ángeles y los santos (Salmos 11:4).

Una visitación celestial es como una experiencia fuera del cuerpo, excepto en que el espíritu de la persona deja la Tierra, pasa a través del segundo cielo y llega hasta el tercer cielo. Esto puede ocurrir mientras la persona ora, está en un trance o en un sueño profundo del Señor, o en la muerte.

Algunos ejemplos bíblicos:
- Moisés. Durante sus cuarenta días de ayuno en el monte Sinaí, vio el tabernáculo en el cielo y recibió el "boceto" para construir una versión terrenal de este. Esta puede haber sido posiblemente una visitación celestial; no podemos asegurarlo.

El vidente

Cuando menos, fue una experiencia de cielos abiertos (Éxodo 24:18; 25:1,8-9; Hebreos 8:5).
• Pablo. Nuevamente, el apóstol fue "arrebatado hasta el tercer cielo", donde oyó palabras inefables que no pueden reproducirse y tuvo una experiencia verdaderamente paradisíaca. Parece haber sido inmediatamente llevado a este mundo (2 Corintios 12:2-4).
• Enoc. Según Génesis, Enoc "caminaba con Dios" y Dios lo llevó. Fue llevado al cielo sin ver la muerte y nunca más regresó a la Tierra (Hebreos 11:5).

De la misma forma en que una persona puede visitar el cielo teniendo una experiencia fuera del cuerpo, también puede visitar varias regiones o zonas del infierno. Si es un pecador, se acerca al cielo descendiendo –en la muerte o una experiencia cercana a la muerte o en una visión sobrenatural– y ve dónde está destinado a pasar toda su eternidad, a menos que se arrepienta y reciba a Jesús como su Señor y Salvador personal. Luego es traído nuevamente a la Tierra por la misericordia de Dios.

Si esta persona es un cristiano verdadero, el Espíritu del Señor puede llevarlo a una experiencia así, con el propósito de revelarle los sufrimientos y tormentos de los condenados. Luego retorna a su cuerpo para testificarles a los no creyentes que se arrepientan y reciban a Jesús como su Señor. Estas experiencias también son usadas como herramientas para animar al Cuerpo de Cristo a creer que el mundo invisible existe y es real. Dios es galardonador de todos los que le buscan diligentemente. ¡El cielo y el infierno son reales! Cada persona es un ser eterno, y el destino final es lo que importa.

Creo que las visitaciones celestiales han ocurrido no solo en La Biblia, sino a través de la historia, y que tales experiencias aumentarán a medida que los verdaderos ministerios apostólicos emergen en estos últimos tiempos. Únase a mí y exprese su deseo de apropiarse de todo lo que su Padre celestial tiene preparado para usted.

Capítulo 9

Las experiencias extáticas del Espíritu

Desde aquella vez en noviembre de 1972, cuando fui lleno del Espíritu Santo y sus dones me fueron otorgados, he experimentado un creciente anhelo por las cosas del Espíritu. Al mismo tiempo, sin embargo, por muchos años he albergado sospechas por aquellos fenómenos como el trance o las experiencias fuera del cuerpo. Tantas cosas buenas de Dios han sido apropiadas por el diablo, al punto de que la mayoría de las personas automáticamente hoy relacionan estos fenómenos con las filosofías de la Nueva Era y el ocultismo.

Estaba en la misma postura hasta que decidí estudiar esos temas en profundidad, y pasar tiempo en compañía de aquellos hombres y mujeres de Dios que tenían más experiencia que yo en esos campos. Lo que aprendí es que esta clase de fenómenos se originaron en Dios; satanás meramente los usurpó y corrompió, como hizo con todo lo demás. Cuando son comprendidos apropiadamente e iniciados por el Espíritu de Dios, los trances son algo maravilloso, excitante y fabuloso; otra experiencia poderosa que lleva a la persona al mundo celestial. La *clave* es que estas experiencias deben ser iniciadas *solamente* por el Espíritu Santo. Nunca deben ser autoiniciadas o autoinducidas.

Un trance nos lleva a la esfera "extática" del Espíritu. Como vimos en el capítulo anterior, "trance" es una traducción de la palabra griega *ekstasis*, de donde proviene nuestro término castellano "éxtasis". Literalmente, un trance extático es un desplazamiento de la mente, un estado de perplejidad que es acompañado generalmente de asombro o estupor. Es una distracción, especialmente como producto de un gran fervor religioso, el cual frecuentemente incluye sentimientos de gozo, rapto y deleite, que capturan la mente por completo.

Ekstasis se refiere a "cualquier desplazamiento, y especialmente, con referencia a la mente, a esa alteración de las condiciones normales en que la persona cae en un estado de sorpresa o temor, o ambos; o nuevamente, en el cual una persona es así transportada fuera de su estado natural de modo que entra en trance".[22]

En su libro *Prophetic Gatherings in the Church: The Laying on of Hands and Prophecy* ("Reuniones proféticas en la iglesia: la imposición de manos y la profecía"), el Dr. David Blomgren escribe:

> Un trance es un estado visionario en el cual la revelación es recibida. Este estado de rapto es uno en el cual el profeta no estará más perceptivamente limitado a la conciencia natural y a la voluntad. Él está "en el Espíritu", donde el completo estado de conciencia puede ser temporalmente trascendido.[23]

David Castro, un estimado hermano en lo profético de Brooklyn, Nueva York, ha escrito uno de los materiales más perspicaces sobre el tema. Dice:

> Un trance es básicamente una experiencia extática en donde uno se encuentra más o menos estupefacto, aturdido. En ese estado, la persona es susceptible solo a las visiones que Dios pueda impartirle. Si un trance (un sueño profundo del Señor) ocurre mientras la persona ya está dormida, cualquiera de las formas de sueños sobrenaturales, sea visuales o reales, puede suceder. Uno puede ver visiones, oír palabras (celestiales o terrenales) o incluso puede abandonar su cuerpo y viajar en el espíritu por una razón especial. Por supuesto, estas cosas no deben ser autoinducidas, sino que se experimentan cuando el Espíritu de Dios así lo desea.[24]

Existen grados mayores o menores de experiencias extáticas. Las palabras neotestamentarias "maravilla", "asombro" y "espanto" son también traducciones de la palabra griega *ekstasis*. De modo que, tanto en lo bíblico como en la experiencia, hay varios grados de trance.

Uno puede ser *shockeado*, maravillado y gozosamente "atrapado" en las emociones, por la admirable actividad del Espíritu Santo. En un nivel superior de trance, las funciones físicas y naturales son puestas temporalmente "en pausa", y la persona es arrebatada en el Espíritu (sea en el cuerpo o fuera de él no es el tema principal aquí) y ve, oye, siente, gusta, toca o hasta huele la presencia del Señor en una manera "de otro mundo" o celestial.

Un vistazo a algunos ejemplos bíblicos de trances nos ayudarán a entender mejor este tipo de experiencia visionaria.

EL TRANCE EN LAS ESCRITURAS

Uno de los ejemplos bíblicos con los que estamos más familiarizados es el de Simón Pedro, en el capítulo 10 de Hechos. En los primeros versículos del capítulo, Cornelio, un centurión romano quien era *"piadoso y temeroso de Dios"* (Hechos 10:2), recibió la visión de un ángel que le indicó enviar hombres a Jope y traer a Pedro. Cornelio inmediatamente envió a dos siervos y un soldado devoto a cumplir la misión.

Al día siguiente, mientras ellos iban por el camino y se acercaban a la ciudad, Pedro subió a la azotea para orar, cerca de la hora sexta. Y tuvo gran hambre, y quiso comer; pero mientras le preparaban algo, le sobrevino un éxtasis; y vio el cielo abierto, y que descendía algo semejante a un gran lienzo, que atado de las cuatro puntas era bajado a la tierra; en el cual había de todos los cuadrúpedos terrestres y reptiles y aves del cielo. Y le vino una voz: Levántate, Pedro, mata y come. Entonces Pedro dijo: Señor, no; porque ninguna cosa común o inmunda he comido jamás. Volvió la voz a él la segunda vez: Lo que Dios limpió, no lo llames tú común. Esto se hizo tres veces; y aquel lienzo volvió a ser recogido en el cielo (Hechos 10:9-16).

Durante esta experiencia Pedro estuvo temporalmente alejado de la realidad natural a su alrededor, y vio "los cielos abiertos". El principal propósito de este trance visionario era preparar a Pedro para el encargo de entrar en el hogar de un gentil y predicarle a la gente que había allí. Los judíos devotos tenían a los gentiles por inmundos, y Pedro necesitaba vencer ese prejuicio y aprender a no pensar en los demás como impuros, solo porque no eran judíos. Necesitaba entender que el evangelio de Cristo no era solo para los judíos, sino para todo el mundo.

Pablo es otro apóstol que recibió una revelación de Dios mientras se hallaba en un trance. Abordado por una multitud hostil de judíos en Jerusalén, y rescatado por un grupo de soldados romanos, Pablo se dirigió al gentío. Luego de explicarles brevemente con ellos de su herencia como judío y contarles su conversión a Cristo cuando iba de camino a Damasco, Pablo procedió a relatarles el episodio de su llamado de Dios a llevar el evangelio a los gentiles:

Y me aconteció, vuelto a Jerusalén, que orando en el templo me sobrevino un éxtasis. Y le vi que me decía: Date prisa, y sal prontamente de Jerusalén; porque no recibirán tu testimonio acerca de mí. Yo dije: Señor, ellos saben que yo encarcelaba y azotaba en todas las sinagogas a los que creían en ti; y cuando se derramaba la sangre de Esteban tu testigo, yo mismo también estaba presente, y consentía en su muerte, y guardaba las ropas de los que le mataban. Pero me dijo: Ve, porque yo te enviaré lejos a los gentiles (Hechos 22:17-21).

Encuentro bastante significativo que en ambos casos la revelación dada a Pedro y a Pablo cuando estaban en un trance, se relaciona con su llamado de predicar el evangelio a los gentiles. A veces Dios escoge una manera inusual y extraordinaria para revelar asuntos importantes o impartir una unción significativa.

Hay también numerosos ejemplos en el Nuevo Testamento donde la gente estaba en un estado "extático" que no se describe específicamente como un trance:

- *"Y luego la niña se levantó y andaba, pues tenía doce años. Y se espantaron [ekstasis] grandemente"* (Marcos 5:42). Jesús levantó a esta niña de la muerte, dejando a todos aquellos que miraban (Pedro, Juan, Santiago y los padres de la niña) en un estado de *ekstasis*, de profundo espanto.
- *"Y ellas se fueron huyendo del sepulcro, porque les había tomado temor y espanto [ekstasis]; ni decían nada a nadie, porque tenían miedo"* (Marcos 16:8). María Magdalena, María la madre de Jesús y Salomé experimentaron este estado extático de espanto después de ver a un ángel en la tumba de Jesús que les dijo que Él había resucitado.
- *"Y le reconocían que era el que se sentaba a pedir limosna a la puerta del templo, la Hermosa; y se llenaron de asombro y espanto [ekstasis] por lo que había sucedido"* (Hechos 3:10). Un estado extático de espanto fue la respuesta de aquellos que vieron la sanidad de este hombre cojo de nacimiento.
- *"Pues, para que sepáis que el Hijo del Hombre tiene potestad en la tierra para perdonar pecados (dijo al paralítico): A ti te digo: Levántate, toma tu lecho y vete a tu casa. Al instante, levantándose en presencia de ellos, y tomando el lecho en que estaba acostado, se fue a su casa, glorificando a Dios. Y todos, sobrecogidos de asombro [ekstasis], glorificaban a Dios; y llenos de temor decían: Hoy hemos visto maravillas"* (Lucas 5:24-26). Esta es la historia en la que cuatro hombres trajeron a su amigo paralítico, hicieron un agujero en el techo y lo bajaron adelante de Jesús para que Él lo sanara.

Al respecto de este último pasaje, David Castro escribe:

> De la gente que estaba presente allí, algunos estaban asombrados, otros glorificaban a Dios, y el resto estaba lleno de temor. Los que estaban asombrados estaban en trance en el mundo espiritual, en el cual estaban rendidos y preparados para recibir visiones del Señor; aunque Dios probablemente no les impartió visiones a todos. ¡Esta gente tenía un culto! Hicieron un esfuerzo para ir a la reunión de Jesús. Fueron esperando milagros y los iban a obtener, aún si tenían que tirar abajo las paredes, ¡y casi lo hicieron! (¡Hablando de tirar la casa abajo!). Y como el poder del Señor estaba presente, hicieron un agujero en el mundo espiritual y entraron en éxtasis. Dios podría haberse comunicado fácilmente con ellos a través de una revelación sobrenatural si hubiera querido. Probablemente, algunos de ellos estaban "borrachos en el Espíritu".[25]

ARREBATADO EN EL ESPÍRITU

La Biblia, además, contiene numerosos ejemplos de gente que pasa por un estado de posible trance, aunque las palabras "trance" o *ekstasis* no sean usadas. Por ejemplo, Génesis 15:12 describe un "sueño profundo" que cayó sobre Abraham para prepararlo para la revelación que Dios iba a darle. Dios le dijo a Abraham que sus descendientes serían esclavos en Egipto por cuatrocientos años, y pasado ese tiempo serían liberados y volverían a la tierra donde ahora estaba. Previamente, por indicación divina, Abraham había traído una becerra, una cabra, un carnero, una tórtola y un palomino, y los había ofrecido al Señor; cortó los tres animales mayores al medio y los puso con las mitades enfrentadas. Allí fue cuando Dios selló su gran pacto con Abraham:

> *Y sucedió que puesto el sol, y ya oscurecido, se veía un horno humeando, y una antorcha de fuego que pasaba por entre los animales divididos. En aquel día hizo Jehová un pacto con Abram, diciendo: A tu descendencia daré esta tierra, desde el río de Egipto hasta el río grande, el río Éufrates* (Génesis 15:17-18).

El estado consciente natural de Abraham fue puesto en "pausa" y fue llevado al terreno del Espíritu, en donde Dios le dio sus promesas de pacto a su amigo. Esta suspensión de la conciencia natural es una característica común del estado de trance.

El vidente

El profeta Ezequiel describe muchas de sus experiencias visionarias como siendo "levantado" por el Espíritu, las cuales también describen un estado de trance:

- "*Me levantó, pues, el Espíritu, y me tomó...*" (Ezequiel 3:14).
- "*... y el Espíritu me alzó entre el cielo y la tierra, y me llevó en visiones de Dios a Jerusalén*" (Ezequiel 8:3).
- "*Luego me levantó el Espíritu, y me volvió a llevar en visión del Espíritu de Dios a la tierra de los caldeos*" (Ezequiel 11:24).
- "*Y me alzó el Espíritu y me llevó al atrio interior; y he aquí que la gloria del Señor llenó la casa*" (Ezequiel 43:15).

Daniel, al igual que Abraham, a menudo recibía visiones y revelación al entrar en "sueño profundo". Luego de recibir una poderosa visión concerniente a los tiempos finales, Trató de entender lo que había visto. Gabriel fue enviado a explicarle la visión. "*Mientras él hablaba conmigo, caí dormido en tierra sobre mi rostro; y él me tocó, y me hizo estar en pie*" (Daniel 8:18). Bajo el poder del Espíritu, Daniel cayó en tierra y en un "sueño profundo" entró en un estado profético de rapto.

En otra ocasión, Daniel vio una "gran visión" del Señor: "*Y no quedó fuerza en mí, antes mi fuerza se cambió en desfallecimiento, y no tuve vigor alguno. Pero oí el sonido de sus palabras, y al oír el sonido de sus palabras, caí sobre mi rostro en un profundo sueño, con mi rostro en tierra. Y he aquí una mano me tocó, e hizo que me pusiese sobre mis rodillas y sobre las palmas de mis manos*" (Daniel 10:8-10).

Ya hemos considerado el relato de Pablo de haber sido "*arrebatado al tercer cielo*" en un estado tal que no pudo saber si estaba "*en el cuerpo*" o "*fuera del cuerpo*" (2 Corintios 12:2). La palabra "*arrebatado*" describe perfectamente un estado de trance.

El apóstol Juan tuvo experiencias similares a las de Pablo, las cuales describe en el libro de Apocalipsis. Él estaba "*en el Espíritu en el día del Señor*" cuando escuchó tras de sí una voz como de trompeta. Al darse vuelta, vio a "*uno como el Hijo del Hombre*" en una larga túnica que llegaba hasta los pies y con un cinto de oro. Su pelo era blanco como la nieve, sus ojos como llamas de fuego, su rostro brillaba como el Sol y tenía una espada de doble filo que salía de su boca (Apocalipsis 1:10-16). La respuesta de Juan a esta imagen impactante es comprensible:

Cuando le vi, caí como muerto a sus pies. Y él puso su diestra sobre mí, diciéndome: No temas; yo soy el primero y el último; y el que vivo, y estuve muerto; mas he aquí que vivo por los siglos de los siglos, amén. Y tengo las llaves de la muerte y del Hades (Apocalipsis 1:17-18).

Juan estaba "en el Espíritu", vio una revelación de Cristo en su gloria, y "cayó a sus pies como muerto". Algunos dirían que fue "muerto en el Espíritu", y otros que "la gloria lo abatió". Del modo que escojamos describirlo, Juan vio a Jesús y se postró en adoración, quizás completamente vencido con el temor de Dios y en un estado de trance.

Unos capítulos más adelante, describe otra experiencia visionaria:

Después de esto miré, y he aquí una puerta abierta en el cielo; y la primera voz que oí, como de trompeta, hablando conmigo, dijo: Sube acá, y yo te mostraré las cosas que sucederán después de éstas. Y al instante yo estaba en el Espíritu; y he aquí, un trono establecido en el cielo, y en el trono, uno sentado (Apocalipsis 4:1-2).

Esta vez, en lugar de una visión de Cristo, Juan vio a Dios el Padre, el que estaba sentado sobre el trono. Una vez más, Juan estaba "en el Espíritu" y este estado hizo posible él viera el cielo. Este era muy probablemente un estado de trance que hizo que Juan estuviera receptivo al tipo de experiencia de "cielos abiertos". Como resultado, fue capaz de observar lo que sucedía en el tercer cielo, y también en la Tierra.

Es importante mencionar aquí que uno no tiene que estar en trance para estar "en el Espíritu". Sin embargo, alguien que ha experimentado un trance puede decir con toda propiedad que ha estado "en el Espíritu".

Como dije anteriormente, Dios no hace nada sin un propósito. Su propósito al impartir revelaciones visionarias, ya sea a través del trance o de otro tipo de manifestación, no es simplemente darnos una "experiencia", sino que podamos verlo y conocerlo *a Él*. No deberíamos desear ninguna clase de experiencia visionaria para nuestra propia causa, sino por cómo ellas pueden ayudarnos o conducirnos a una intimidad más profunda con nuestro Señor.

Para que no pensemos que los trances sobrenaturales están limitados a los tiempos bíblicos, quiero contarles varios testimonios de experiencias similares de nuestro tiempo. Mi deseo es demostrar que los trances del Espíritu Santo pueden ser, y están siendo hoy experimentados por creyentes "comunes".

"MI PEQUEÑO HERMANO"

El Dr. Mahesh Chavda es uno de mis más apreciados amigos ministeriales, su vida y testimonio me han impactado enormemente. La historia que sigue a continuación fue tomada de su libro, *Only Love Can Make a Miracle* ("Solo el amor puede obrar milagros"), y nos cuenta cómo tomó el paso final de recibir a Cristo como su Señor y Salvador, y llegó a ser el primero en su familia en abrazar la fe cristiana. Criado en Kenia (África) por buenos padres indios, Mahesh nació en la casta superior –la de los guerreros– de la India, y por consiguiente recibió una buena educación, al tiempo que era entrenado para el liderazgo en el gobierno. Este relato comienza luego de que Mahesh aprendió de Jesús cuando leyó los evangelios en una Biblia que le regaló un misionero bautista.

Al final, decidí que no podía seguir escapando de todo aquello: mi familia, mi entrenamiento, mi herencia. Parte de mí quería a Jesús, pero no podía pagar el precio. Y ya no podía soportar esta dualidad por más tiempo.

Por meses había vivido en agonía. Leía los evangelios y me sentía tan atraído a Jesús que el próximo paso –entregarme todo a Él– parecía obvio y fácil. Entonces la balanza se inclinaba hacia el otro lado, porque pensaba en el gran dolor que les causaría a mis familiares y amigos.

Finalmente, decidí que ya había sido suficiente. Una noche cuando ya era tarde, estaba en mi cuarto en el segundo piso leyendo mi Biblia, como lo hacía generalmente. Estaba sentado en el escritorio, con una sábana envolviendo mi cuerpo, enroscada sobre mi cabeza y apretada alrededor de mi rostro, de manera que con mis ojos apenas podía espiar afuera. Tuve que hacerlo así por causa de los mosquitos que planeaban alrededor mío todo el tiempo. Los mosquitos eran terribles en esa parte de África, y en aquellos días no teníamos mosquiteros en las ventanas y, por supuesto, mucho menos repelente de insectos.

El momento de mi decisión finalmente había llegado. "Basta", me dije a mí mismo. "Ya es suficiente. No voy a volver a pensar en Jesucristo ni una vez más." Estaba desesperanzado, pensando en dejar atrás a Aquel que yo sabía que me amaba tanto, pero no vacilé al hacerlo. Lenta pero firmemente cerré mi Biblia: "Nunca más voy a volver a leer este libro", dije. "Mi mente está decidida." Y así terminaba todo. O al menos eso creía.

Lo próximo que supe fue que sentí mi cabeza golpear contra el escritorio... parecía encontrarme en una suerte de sueño profundo, ya no estaba completamente despierto: estaba perdiendo el control, pero a la vez estaba consciente de lo que estaba sucedía...

Las experiencias extáticas del Espíritu

Inmediatamente me hallé en un lugar extraño, pero hermoso. Mi cuerpo todavía estaba allí en el escritorio, pero en mi espíritu estaba en un lugar diferente, un lugar maravilloso, donde nunca antes había estado. Me vino un pensamiento a la mente, muy simple y claro: "Estoy en el cielo".

(...) lo primero que noté es que estaba caminando por un camino o sendero que de algún modo parecía estar hecho de oro. Pero era diferente a cualquier oro que yo hubiera visto anteriormente. Parecía más claro. Casi podía verse a través de él. Años más tarde leí que los científicos podían purificar el oro con partículas atómicas y este se volvía translúcido. Así era el oro de estos caminos, como si hubiera sido completamente purificado.

A ambos costados del camino había un pasto de lujo, como una sábana impecable que uno puede tender sobre el piso y recostarse. Había árboles y flores de todo tamaño y forma. Los colores eran fantásticos: amarillos, verdes, dorados, azules, rosas... más colores y tonalidades de los que jamás hubiera imaginado...

Esos colores eran diferentes. Era como si produjeran su propio color desde adentro. No era que la luz los reflejara, sino que fluían desde adentro hacia afuera, en absoluta pureza...

De pronto me di cuenta que oía música. Al menos, era lo mejor que hubiera escuchado jamás. Era como si la más majestuosa orquesta sinfónica, y el más espléndido coro se hubieran ensamblado y estuvieran tocando, aunque en realidad no podía distinguir ningún instrumento o voz en particular. Era simplemente glorioso.

Me encontré por entero bailando al compás de la música. Era como si cada uno de mis sentidos estuviera armonizando perfectamente con ella. De hecho, el sentido general era de completa armonía, de perfección, de total integración con todo lo que me rodeaba...

Yo era de algún modo parte de todo aquello: parte del esplendor, parte de la armonía, parte de la perfección. No era solamente oír o ver o aún oler lo que estaba a mi alrededor. Todo mi ser estaba integrado a ello. No era que simplemente experimentaba el amor, el gozo y la belleza, sino que me convertía en parte de ellos, y ellos se volvían parte de mí.

Sentí que *estaba en casa*. Aquí era donde quería estar, donde *se suponía* que debía estar. Esto era para lo que había sido creado.

(...) de pronto me di cuenta que una brillante luz blanca venía hacia mí. Me volví y vi a un hombre que caminaba hacia mí. Inmediatamen-

El vidente

te supe quién era. Era Jesús. Ahora, piense que yo nunca había visto un retrato o imagen suya... En el plano natural, no tenía ni la menor idea de cómo era o a quién se parecía. Pero aún así no había rastro de duda en mi mente que el Hombre que venía caminando hacia mí era Él.
(...) estaba casi cegado por la luz que emanaba de Él. Era brillante, pura y viva, como si contuviera la plenitud de la gloria celestial. Casi no podía mirarlo.
(...) al acercarse a mí, pude ver que estaba sonriendo. Era... una sonrisa que mostraba amor y deleite...
Vino más y más cerca, y pude ver sus ojos. Nunca olvidaré los ojos de Jesús. Pude ver que esos ojos habían sentido cada herida, cada dolor que yo había sentido en mi vida. Ellos habían derramado cada lágrima que yo había llorado en la Tierra. Pero aún así no era una mirada sombría o triste. Era una mirada de triunfo, ojos que parecían decir: "Sí, conozco el dolor, conozco el sufrimiento, conozco las lágrimas. Yo las cargué sobre mí cuando morí en la cruz. Pero he vencido. Y tú puedes vencer también".
Cuando estaba mirando sus ojos, Él extendió su mano y la puso sobre mi hombro y me dijo, simplemente: "Mi pequeño hermano". Tan de pronto como comenzó, había terminado. Estaba de nuevo en el segundo piso de mi casa, envuelto en la sábana y mi rostro apoyado sobre La Biblia. Sin embargo, algo extraño había ocurrido. Cuando todo esto había comenzado, cuando mi cabeza había caído sobre el escritorio, mi Biblia estaba cerrada. Yo había tomado la decisión de no volver a abrirla nunca más. Miré y vi que ella estaba abierta en el capítulo 18 del evangelio de Lucas, en la historia del joven rico.
Oí una voz dentro de mí que dijo:
—¿Vas a alejarte de mí tal como él lo hizo?
—No, Señor -contesté.
Luego hice algo que, hasta donde sé, ningún ancestro mío había hecho nunca, que nadie en ochocientos años en la historia de nuestra familia pudo haberse imaginado hacer. Caí de rodillas y dije: "Jesús, lo siento. Por favor, perdóname por todo lo malo que haya hecho. Te amo. Quiero darte mi vida. Por favor, ven a vivir a mi corazón."[26]

La historia de Mahesh es una increíblemente bella descripción de cómo el Espíritu Santo pone a una persona en contacto con el amor y la gracia de Dios. Por muchos años después de esa noche, Mahesh fue usado poderosamente en un ministerio internacional de evangelismo, sanidades y otros milagros.

"MIS SENTIDOS ESTABAN SUSPENDIDOS"

La vida y el ministerio de Kenneth Hagin fueron influenciados profundamente por sus visiones de Jesús. Aquí está el relato de su tercera visión, la cual sucedió una noche de diciembre de 1952 en Broken Bow, Oklahoma.

Una noche después del culto, habíamos regresado a la casa pastoral y estábamos comiendo un sandwich y tomando un vaso de leche en la cocina. Mientras hablábamos de las cosas del Señor, el tiempo se pasó volando.

La hijita del pastor estaba allí sentada con nosotros, ya se estaba quedando dormida, y dijo:

– Papi, se está haciendo tarde y mañana tengo que levantarme temprano para ir al colegio. ¿Puedes venir y orar conmigo porque me voy a dormir?

Era su costumbre que el papá todas las noches oraba con ella y la acostaba en la cama.

El pastor miró su reloj y exclamó:

– ¡Son las 11:30! Nunca pensé que sería tan tarde. ¡Hemos estado aquí sentados charlando por dos horas!

Luego le dijo a su hija:

– Ven aquí cariño. Lo que haremos será arrodillarnos aquí y el hermano Hagin orará con nosotros. Luego irás a tu cama.

Cuando nos arrodillamos juntos en esa cocina, cada uno al lado de una silla, yo estaba en el Espíritu aún antes que mis rodillas tocaran el suelo...

En esa noche de 1952, en la cocina de la casa del pastor, mis sentidos físicos fueron puestos en suspenso. En ese momento no sabía que estaba arrodillado delante de una silla de la cocina. Parecía como si estuviera sentado sobre una nube blanca que me envolvía. Inmediatamente vi a Jesús. Parecía estar parado sobre mí, tan alto como el cielorraso está del suelo. Comenzó a hablarme:

– Voy a enseñarte acerca del diablo, los demonios y la posesión demoníaca. Desde esta noche en adelante, lo que se conoce en mi palabra como el don de discernimiento de espíritus, operará en tu vida cuando estés en el Espíritu.[27]

El Dr. Hagin prosigue describiendo cómo los dones del Espíritu, particularmente el don de discernimiento de espíritus, operaban en él *solo* cuando estaba en el plano del Espíritu. En otras palabras, no se movía a voluntad, sino solo cuando él estaba, según sus propias palabras, "en la unción".

UNA MARAVILLOSA EXHIBICIÓN DEL PODER DE DIOS

María Woodworth-Etter fue una evangelista poderosa y una propulsora del avivamiento de finales del siglo XIX y principios del XX. Donde ella iba, el poder de Dios caía: la gente estaba borracha en el Espíritu, veía visiones, recibía revelación y se convertían de a miles. Su libro *Signs and Wonders* ("Señales y maravillas"), su diario personal de los primeros cuarenta años de su ministerio, contiene un material de lo más interesante e increíble que haya sido escrito jamás acerca de los trances y otras manifestaciones sobrenaturales del Espíritu Santo. La escena que sigue tuvo lugar en enero de 1885, y es una de las muchas exhibiciones del poder de Dios que están registradas en su libro.

La iglesia era fría y formal, y muchos de los mejores habitantes de la ciudad se habían vuelto escépticos. Sabía que se necesitaría un dosis extra del poder de Dios para convencer a la gente, por eso oré para que Él mostrara su poder, que el pecador supiera que Dios todavía vive, y... que lo convenza de un juicio terrible. Cinco de los líderes principales de la iglesia dijeron que se unirían a mí en la oración, para que el Señor derramase su poder de lo alto, hasta que la ciudad fuera sacudida, y luego la región, por kilómetros alrededor. Oramos que los cristianos y los inconversos cayeran como muertos ante el Señor. El Señor respondió nuestras oraciones de una manera notoria.

Primero fue el hijo del líder de la clase, quien cayó bajo el poder de Dios. Se puso de pie, pasó al púlpito y comenzó a hablar con sabiduría y poder de Dios. Su padre comenzó a gritar y alabar al Señor. Cuando esa pequeña comunidad comenzó a exhortar e invitar a otros a venir a Cristo, ellos comenzaron a llorar por todo el templo. Algunos gritaban; otros caían postrados. Diversas operaciones del Espíritu podían verse. Las manifestaciones del Espíritu continuaban aumentando hasta que terminó la serie de reuniones, la cual duró cinco semanas. El poder del Señor, como el viento, barrió toda la ciudad, subiendo por una calle y bajando por la otra,

Las experiencias extáticas del Espíritu

atravesando los comercios y empresas, talleres, salones y tabernas, cautivando a los pecadores de todas las clases. Las Escrituras se cumplían. Los impíos huían aunque nadie los perseguiera. Hombres, mujeres y niños eran derribados por el poder en sus hogares, trabajos, en las rutas, y caían como muertos. Tenían maravillosas visiones y se levantaban del suelo convertidos, dando gloria a Dios. Cuando contaban lo que les había sucedido, sus caras brillaban cual rostros de ángeles. El temor de Dios cayó sobre la ciudad. La policía decía que nunca habían visto nada igual; no tenían nada que hacer. Decían que no arrestaban a nadie, y que el poder de Dios parecía cuidar a la ciudad. No había peleas ni insultos en las calles, la gente se movía suavemente, y parecía haber un espíritu de amor y bondad entre todas las clases, como si ellos sintieran que estaban en la presencia de Dios.

Un comerciante cayó en un trance en su hogar y estuvo tendido varias horas. Cientos de personas fueron a verlo. Había tenido una visión y tenía un mensaje para la iglesia. El Señor le había mostrado la condición de muchos de los miembros. Contó parte de la visión, pero se negó a dar el resto del mensaje a la iglesia. Entonces quedó enmudecido. No pudo decir ni una palabra, porque rehusó decir lo que el Señor le había dado para comunicar. Luego se levantó sobre sus pies, llorando, para contar la visión. Allí Dios desató su lengua. Los que estaban presentes sabían que él había estado mudo, y cuando comenzó a hablar y a contar su experiencia, tuvo un efecto impresionante sobre la iglesia y los pecadores.

Una noche había una fiesta a varios kilómetros de la ciudad. Algunas de las señoras pensaron que se divertirían un rato; ellas comenzaron a hacer mímicas y actuar como si estuvieran en trance. El Señor derribó a algunas de ellas. Estaban tendidas en el suelo como si hubieran recibido un disparo. Su diversión se tornó en una reunión de oración y se oían clamores de misericordia. La gente se acercaba a la reunión en trineos desde cientos de kilómetros. Una noche, cuando un trineo de hombres y mujeres estaba viniendo a la reunión, ellos estaban bromeando acerca de los trances. Se hicieron la apuesta unos a otros de que esa noche iban a tener uno. Antes de que finalizara la reunión, todos los que se habían burlado estaban derribados por el poder de Dios y yacían como muertos; tuvieron que ser llevados a sus casas en los trineos en esa condición. Aquellos que habían venido con ellos estaban mucho más atemorizados de verlos tirados en el suelo, y contaban cómo se venían burlando del poder de Dios de camino a la reunión. Los escarnecedores y burladores estaban derribados por todas partes... Un hombre se estaba riendo de una mujer de cuyo cuerpo Dios había tomado el control. Ella estaba predicando con gestos. Cuando tuvo esa actitud burladora, fue enmudecido por el poder del Espíritu. Se puso rígido y permaneció con sus brazos alzados, su boca quedó por horas en la forma con que se burlaba. El temor de Dios cayó sobre todos. Todos vieron que era una cosa terrible burlarse de Dios o de su obra. Ciertamente, el Señor obró de una manera maravillosa en esa reunión. El cartero se convirtió. Todas las clases, desde los más rudos hasta los más refinados eran atraídos a Cristo. Llevamos las reuniones al teatro, y el salón no pudo contener a las multitudes de tan gran avivamiento entre la gente.[28]

"GOTAS DE PURO CRISTAL LIQUIDO"

Annie es una mujer que llegó a Cristo luego de una vida de agnosticismo, rebeldía, gran dolor y tendencias suicidas. Durante toda su vida como cristiana, ha sido bendecida por Dios con cientos de visiones vívidas y poderosas. Muchas de ellas han sido registradas en una serie de libros editados por el conocido R. Edward Miller, el evangelista bajo cuyo ministerio ella halló a Jesús y recibió una gran liberación. El siguiente testimonio se llama "Lluvias" y está extraído del libro *I looked and I Saw the Lord* ("Miré y vi al Señor").

Estaba delante del Señor en la noche del 8 de julio, buscando su rostro y derramando mi corazón ante Él, cuando de repente estaba allí. En el Espíritu, me encontré rodeada de una fuerza de amor suave y poderosa. No solo me rodeaba, sino que me invadía hasta las áreas más profundas de mi ser. Al mismo tiempo traía un hondo sentido de paz, seguridad y bienestar. Me vi rodeada de aquellos hermosos ángeles con sus alas desplegadas irradiando luz y amor. Jesús estaba junto a mí en este círculo angelical. Su gloria brillaba en derredor y sobre todo lugar. Él era igual a como lo había visto la última vez y estaba amándome de la misma forma. Era como estar dentro de una densa, transparente, invisible pero tangible nube de puro AMOR. Mientras estaba completamente cubierta por esa nube de amor, comenzó a llover.

Llovió, llovió y llovió. Pero qué lluvia extraña esta. No era como la lluvia en la Tierra, porque no era húmeda para nada. Era lluvia celestial y llovía todo el tiempo que yo estaba allí. Las gotas eran como gotas de pura luz de cristal, o como pequeños diamantes que tenían luz en su interior. Caían desde arriba tan suave y dulcemente como estrellas. Jugué y jugué con las gotas de lluvia, atrapándolas en mis manos. Aunque cada una me daba un gran sentido de gozo y placer, mis manos no se mojaban. Si bien estaban hechas de sustancia, eran tan de luz y aire que podía llevarlas en mis manos. Reí y reí de puro placer, y los ángeles se reían para regocijarse conmigo como si disfrutaran con mi gozo. Jesús me mostró que esta era su lluvia de bendición.[29]

Bíblica e históricamente, los trances fueron un método legítimo que Dios a veces usó para impartir revelación visionaria, y continúa siendo así hoy. Mi propósito aquí no es promover los trances. Mi intensión es promover el Reino de Dios. Si Él quiere usar este tipo de revelación del vidente como uno de sus medios para ayudarnos a sintonizar su buena voluntad, entonces digo: "¡Hazlo Señor!" Principalmente, el deseo de Dios es atraernos hacia Él, impartirnos su voluntad y mostrarnos sus caminos para que podamos ministrar a otros en sabiduría, porque hemos pasado tiempo, hemos estado en el consejo del Señor.

SECCIÓN CUATRO

Intimidad: el objetivo de todas las cosas

Capítulo 10

Estando en el consejo de Dios [30]

En todo el ámbito de la Iglesia cristiana de hoy, hay muchos que preguntan y debaten acerca de la legitimidad de lo profético y del ministerio del vidente. Muchos creyentes oyen de otros que aseguran haber tenido visitaciones angelicales, o haber sido tomados por el Espíritu, o haber sido llevados ante el trono de Dios, y preguntan: "¿Son bíblicas estas cosas?" A veces la pregunta viene del trasfondo de una mente cuestionadora, escéptica e incrédula. Sin embargo, otras veces viene de un genuino deseo de saber y entender más acerca de estas formas de tipo místico.

Proverbios 29:18 dice: *"Donde no hay visión, el pueblo se desenfrena [o perece]; mas el que guarda la ley es bienaventurado"*. ¿Qué clase de visión impedirá que el pueblo se desenfrene? Una visión de parte del Señor. ¿Cómo obtienen esa visión? Dios imparte visión a la gente que abre su corazón a Él, que son sensibles a su Espíritu y que pasan tiempo en comunión íntima con Él. El Señor les da visión a aquellos que, en las palabras de Jeremías, han "estado en el secreto de Jehová":

Pero ¿quién ha estado en el consejo del Señor, y vio y oyó su palabra? ¿Quién ha prestado atención a su palabra y la ha escuchado? (...) Pero si ellos hubieran estado en mi consejo, habrían hecho oír mis palabras a mi pueblo, y les habrían hecho volver de su mal camino y de la maldad de sus obras (Jeremías 23:18, 22 LBLA).

¿Qué significa "estar en el consejo del Señor"? Compare este pasaje con los siguientes versículos del libro de Habacuc:

La profecía que vio el profeta Habacuc (Habacuc 1:1).

Sobre mi guarda estaré, y sobre la fortaleza afirmaré el pie, y velaré para ver lo que se me dirá, y qué he de responder tocante a mi queja (Habacuc 2:1).

Jeremías habla de ver, oír, estar atentos y escuchar la Palabra de Dios. Habacuc se refiere a "ver" un oráculo y se describe a sí mismo como un guarda de la fortaleza, que vigila para ver qué le dirá el Señor. Estas palabras suenan parecidas a las de Isaías:

> *Sobre tus muros, oh Jerusalén, he puesto guardas; todo el día y toda la noche no callarán jamás. Los que os acordáis de Jehová, no reposéis, ni le deis tregua, hasta que restablezca a Jerusalén, y la ponga por alabanza en la tierra* (Isaías 62:6-7)

¿Cómo es que alguien puede "ver" lo que el Señor "habla"? La respuesta más sencilla es que Dios tiene más de una manera de "hablar". Su discurso no está limitado a palabras audibles, o aún más, a palabras de ninguna clase. En el campo de lo profético, estar en el secreto o en el consejo de Dios significa tanto ver como escuchar la Palabra de Dios. ¿Con qué propósito? Jeremías 23:22 nos da la respuesta: para anunciar la Palabra de Dios al pueblo de Dios para poder "volverse de su mal camino y de la maldad de sus obras". En otras palabras, el propósito de estar en el secreto de Dios es producir frutos en las vidas de la gente de Dios: fruto de santidad, arrepentimiento, temor del Señor y un estilo de vida piadoso.

EN ÍNTIMA DELIBERACIÓN

La forma hebrea para "consejo" en Jeremías 23:18 es *cowd,* lo que significa "una sesión" o "una compañía de personas en íntima deliberación". Implica intimidad, como en una consulta secreta. Por comparación, la palabra castellana "consejo" se refiere a un grupo de gente convocada para discusión o consejo. Dentro de la Iglesia del Señor, un "consejo" es una asamblea solemne convenida para discutir puntos de doctrina o teología. En una empresa, un "consejo" se reúne para aunar pensamientos divergentes con el fin de formular el mejor plan o manera de proceder.

Así como existen consejos terrenales de hombres y mujeres que se juntan para discutir y buscar opinión, también hay un consejo que se da cita en los cielos, presidido por el Dios Todopoderoso, donde podemos escuchar y recibir el secreto del Señor: la sabiduría, la visión y la dirección que derivan del consejo de Dios. Por su invitación soberana y personal, podemos entrar a la "sala de audiencias", para escuchar la deliberación de su consejo y estar capacitados para anunciar su palabra sobre un tema.

Examinemos algunos pasajes bíblicos que se refieren de un modo u otro a este consejo de Dios: gente ligada a Dios en íntima deliberación.

¿Naciste tú primero que Adán? ¿O fuiste formado antes que los collados? ¿Oíste tú el secreto de Dios, y está limitada a ti la sabiduría? ¿Qué sabes tú que no sepamos? ¿Qué entiendes tú que no se halle en nosotros? (Job 15:7-9).

En estos versículos Elifaz, uno de los amigos de Job, lo rechaza por obrar en su propia sabiduría y despreciar la que le ofrecían él y sus compañeros, Bildad y Zofar. Mientras que ciertamente hay un ingrediente de resentimiento y quizás de celo en el tono de Elifaz, lo importante que podemos notar aquí es que él entiende que hay tal cosa como "el secreto de Dios".

El Señor tiene revelación –secretos, si se quiere– que desea mostrarnos. Normalmente no compartimos los secretos con nadie. La mayoría de nosotros confiamos nuestras cosas más profundas e íntimas solo con nuestros mejores amigos. Una de las características supremas de un profeta es que se supone que él o ella es amigo de Dios. Tiene secretos y busca amigos con quienes compartirlos. Es una invitación abierta, *todos nosotros* podemos ser amigos de Dios.

¿Quién enseñó al Espíritu de Jehová, o le aconsejó enseñándole? ¿A quién pidió consejo para ser avisado? ¿Quién le enseñó el camino del juicio, o le enseñó ciencia, o le mostró la senda de la prudencia? (Isaías 40:13-14).

En él asimismo tuvimos herencia, habiendo sido predestinados conforme al propósito del que hace todas las cosas según el designio de su voluntad (Efesios 1:11).

La implicancia del pasaje de Isaías es que nadie instruye o aconseja a Dios; todo lo contrario, Él es quien nos instruye y aconseja. Es nuestro maestro. Las palabras de Pablo en Efesios dan a entender que por causa de nuestra "herencia" de parte del Señor, podemos ser llevados al lugar del "designio de su voluntad".

Porque no hará nada Jehová el Señor, sin que revele su secreto a sus siervos los profetas (Amós 3:7).

Este versículo revela un principio muy importante que opera en el Reino de Dios: *la gente profética de Dios son sus amigos*. Son personas a las que puede confiar su palabra, su mensaje y su revelación, a menudo les habla de antemano acerca de lo que va a hacer.

El vidente

¿Por qué Dios les habla a sus siervos los profetas antes de actuar? ¿Acaso no es soberano? ¿No puede hacer lo que Él quiera sin tener que informarnos? Absolutamente. Sin embargo, Dios ha elegido obrar de esa manera porque en la creación Él les dio la mayordomía de esta Tierra a los hijos de los hombres. Estableció una cadena de mando, también para hablar. Dios nunca ha rescindido su decreto original de darle a la humanidad dominio sobre la Tierra. Por eso dice, en efecto: "Antes que haga algo, le haré saber a alguien –a mis amigos– lo que estoy a punto de hacer".

Dios siempre actúa con un propósito. Él nos revela su secreto a nosotros porque somos sus amigos, pero también lo revela para que podamos hacer la obra, cumplir su voluntad.

Es muy importante que reconozcamos y aceptemos nuestro lugar como *siervos* de Dios. Como creyentes, somos amigos de Dios, así como somos coherederos con Cristo. Nuestra amistad con Dios se caracteriza tanto por el amor como también por nuestra obediencia y servicio fiel. Encontramos nuestra identidad no en quiénes somos o cuál es nuestro título, sino en Cristo Jesús. Quiénes somos no está determinado por lo que hacemos, sino a quién pertenecemos. Si estamos "en Cristo", nuestra vida es en Él. Jesús *es* nuestra vida.

El ejemplo mayor de Amós 3:7 en acción se encuentra en Génesis 20. La intención de Dios es destruir a Sodoma y Gomorra por el pecado de la gente, pero antes de hacerlo le revela su plan a Abraham. A pesar de que Abraham intercede por las ciudades, Dios las destruye porque hay menos de diez justos allí. El sobrino de Abraham, Lot, su esposa y sus dos hijas son librados de Sodoma antes de la destrucción. Gracias a la intercesión de Abraham, varios miembros de su familia fueron rescatados y salvados de la catástrofe.

Hay dos caras de la moneda con respecto a estar en el secreto de Dios. De un lado está la soberanía de Dios, y del otro, la iniciativa del hombre. Una de las verdades más asombrosas de La Biblia es que la intención anunciada y el secreto del Señor ¡pueden ser alterados por nuestra intercesión!

Otro aspecto importante de estar en el consejo de Dios es "el estar en el cielo", en la sala de su mismísimo trono. En su libro *The Throne Room Company* ("La compañía de la sala del trono"), el vidente Shawn Bolz describe su experiencia de haber visto su gloria radiante cuando los cielos se abrieron:

> Cuando los cielos se abrieron para mí, la atmósfera celestial era compacta con intensa pureza en el aire. Muchos seres espirituales me rodeaban. Un ángel me guió hasta el centro de un lugar muy

grande, el cual supe que era el salón del trono de Dios. No tenía paredes visibles; el salón parecía tan infinito como lo es la presencia de Dios. En el centro del salón estaba el Hijo glorificado. Su presencia era tan brillante que la luz pura que provenía de su rostro era como un viaje al centro de una explosión nuclear. Aún así y de algún modo, me dio la gracia de poder caminar hacia Él.

Aunque yo entendía que Dios habita en una luz aproximable, esta experiencia de su gloria me hacía sentirme deshecho, desarmado.

¿Cómo pueden aquellos que no son santos venir a la misma presencia de la santidad personificada sin estallar en un millón de partículas? El pacto de amor de Dios era lo que me daba la seguridad de estar a salvo. Me aferré a ello como si fuera un contrato en mi mano, porque estaba tan sobrecogido por el temor de Dios. Esta vez no se me permitió acercarme demasiado. Sin embargo, solo el hecho de estar en tal cercanía a Dios era abrumador. Lo único que hacía era contemplarlo, el Rey de toda gloria. Sentía como si estuviera llorando de puro gozo, pero no caían lágrimas en absoluto. Era como si mi espíritu contuviese la emoción de llorar, pero la expresara mucho más profundamente, con un hondo sentido de asombro.

Tan solo mirar a Dios era un acto de adoración. No tuve que tratar de producir palabras o cantos; mi ser entero estaba vivo en su presencia y lo adoraba completamente. Era una respuesta natural y automática en medio de tanta gloria.

Era capaz de mirarlo por unos pocos minutos. Sabía que si estaba allí por más tiempo, no sería capaz de regresar a la Tierra. Entonces, el ángel interrumpió mi dulce comunión con Jesús. Fue la única vez que mi compañero angelical se sintió torpe. Nos miramos el uno al otro en completa comprensión, y así juntos obedecimos.[31]

Daniel describe esto mismo en el séptimo capítulo de su libro cuando, luego de ver la visión de las cuatro grandes bestias, continúa hablando con el concilio celestial:

Estuve mirando hasta que fueron puestos tronos, y se sentó un Anciano de días, cuyo vestido era blanco como la nieve, y el pelo de su cabeza como lana limpia; su trono llama de fuego, y las ruedas del mismo, fuego ardiente. Un río de fuego procedía y salía de delante de él; millares de millares le servían, y millones de millones

El vidente

asistían delante de él; el Juez se sentó, y los libros fueron abiertos (Daniel 7:9-10).

"El Juez se sentó". Había una sesión, una deliberación en el salón secreto del santísimo. El propósito de una corte es escuchar un caso. En este caso, la deliberación resultó en la promesa de juicio contra las bestias que Daniel había visto en su visión. El dominio sería quitado de ellos y dado al Hijo del Hombre y a sus santos para siempre (Daniel 7:13-18).

En lo que a Daniel concernía, esta experiencia parecía tan real para él como estar presente en una corte oficial. Estar en el consejo significa "estar allí", como a algunas personas les gusta llamar a sus experiencias.

"ESTAR ALLÍ"

En 2 Corintios 12:1-4, el famoso relato de Pablo acerca de su viaje al tercer cielo, el apóstol menciona tres estados posibles en los cuales esto puede suceder: "En el cuerpo", "fuera del cuerpo" y "separado del cuerpo". Pablo mismo no sabía en qué estado estaba él cuando tuvo esta experiencia, y realmente no era importante. Lo que sí fue relevante era lo que vio, oyó y aprendió durante la experiencia.

Carlton Kenney, un renombrado maestro de La Biblia y misionero estadista en Japón por muchos años, ha trazado una distinción entre los tres estados que Pablo menciona:

1. "En el cuerpo", una experiencia subjetiva donde estamos expectantes. Puede relacionarse con varias formas de sueños y visiones como en Hechos 9:10; 10:3; 15:9 y 18:9.
2. "Separado del cuerpo", una experiencia subjetiva donde no sólo somos espectadores sino que también interactuamos y dialogamos. Posibles ejemplos son los trances y otras experiencias como en Hechos 10:10, 19; 11:5 y 22:17.
3. "Fuera del cuerpo", una experiencia subjetiva en donde no sólo somos espectadores sino que nos movemos en el reino espiritual. Ezequiel nos da numerosos ejemplos de esto como en Ezequiel 1:1, 3; 3:22; 8:1-11:5, 13; 37:1 y 40:1.[32]

Una experiencia de "estar allí" en el consejo de Dios es significante por varias razones. Primero, porque es un honor cuando Dios nos concede ser su audiencia. Segundo, cuanto más subjetiva es la experiencia, mayor es la posibilidad de revelación pura. Finalmente, porque nuestros propios pensamientos quedan fuera del proceso y la recepción en las cosas del Espíritu están en un enfoque más claro.

Estos son factores importantes a considerar, porque nos ayudarán a establecer la mentalidad adecuada para andar en el plano sobrenatural. Después de todo, si Dios nos concede el gran privilegio de un encuentro sobrenatural como es estar en su secreto, mejor que sepamos cómo actuar cuando nos encontremos allí. Dios nos da instrucciones para esto en su Palabra. Considere este versículo:

Así dice el Señor de los ejércitos: Si andas en mis caminos, y si guardas mis ordenanzas, también tú gobernarás mi casa; además tendrás a cargo mis atrios, y te daré libre acceso entre éstos que están aquí (Zacarías 3:7, LBLA).

Estos son los requisitos de Dios para estar en su consejo: "Andar por mis caminos... guardar mis ordenanzas". Esto incluye pasos progresivos de fidelidad. Si hacemos esas cosas, Dios nos promete que gobernaremos su casa, estaremos a cargo de sus atrios y tendremos libre acceso a aquellos que están allí.

¿Quiénes son los que están allí? Principalmente, son seres angelicales, aunque el Hijo del Hombre está presente ciertamente.

Vi de noche, y he aquí un varón que cabalgaba sobre un caballo alazán, el cual estaba entre los mirtos que había en la hondura; y detrás de él había caballos alazanes, overos y blancos. Entonces dije: ¿Qué son éstos, señor mío? Y me dijo el ángel que hablaba conmigo: Yo te enseñaré lo que son éstos. Y aquel varón que estaba entre los mirtos respondió y dijo: Estos son los que Jehová ha enviado a recorrer la tierra. Y ellos hablaron a aquel ángel de Jehová que estaba entre los mirtos, y dijeron: Hemos recorrido la tierra, y he aquí toda la tierra está reposada y quieta (Zacarías 1:8-11).

Zacarías ve, oye y habla con los ángeles, así como también con un hombre montado en un caballo rojo quien, además, es descrito como "el ángel del Señor". Esta frase es una referencia común en el Antiguo Testamento para una aparición del Hijo de Dios, la segunda persona de la Trinidad: Cristo en su forma preencarnada. Note la humildad de Zacarías. Él no sabía lo que veía, entonces pidió una explicación. No se hizo el "sabelotodo" ni se dejó atrapar por la "fijación de la revelación". Tal humildad caracteriza a Zacarías a través de todo el libro que lleva su nombre.

El vidente

Daniel era igual. Cuando no entendía alguna parte de la visión, le preguntaba a uno de esos "que asistían" que le explicaran. Luego de recibir la poderosa visión de las cuatro grandes bestias y el Hijo del Hombre que las derrotaba, Daniel estaba confundido por su significado:

Me acerqué a uno de los que asistían, y le pregunté la verdad acerca de todo esto. Y me habló, y me hizo conocer la interpretación de las cosas (Daniel 7:16).

Zacarías y Daniel (al igual que los otros profetas y personas que tuvieron esta clase de encuentros con el Señor) sabían que estaban en la presencia del Señor, y ese suceso los llenaba de temor santo y de humildad. Una manera de identificar los encuentros auténticos con el Señor, es que el temor santo se posesiona de los que han tenido esa experiencia.

¿Cómo debemos entonces andar entre los que están en el consejo del Señor? ¿Cuál debe ser nuestro comportamiento en su presencia? La clave –la única postura aceptable– es un espíritu de humildad en el temor santo del Señor.

Esto nos lleva a tres principios importantes que nos ayudarán a protegernos del error durante los encuentros sobrenaturales:

1. Evitar la familiaridad y la fascinación con el personaje.
En Apocalipsis 19:10, Juan es tentado a adorar al ángel que le habla: *"Yo me postré a sus pies para adorarle. Y él me dijo: Mira, no lo hagas; yo soy consiervo tuyo, y de tus hermanos que retienen el testimonio de Jesús. Adora a Dios; porque el testimonio de Jesús es el espíritu de la profecía"* (Apocalipsis 19:10).

2. Tener cuidado con el tema de "enviar ángeles" en encuentros de guerra espiritual.
¿Cómo manejamos un tema tan difícil? Jesús debe ser nuestra guía. En el momento en que era traicionado y arrestado, le dijo a los discípulos: *"¿Acaso piensas que no puedo ahora orar a mi Padre, y que Él no me daría más de doce legiones de ángeles?"* (Mateo 26:53). Hasta el mismo Hijo de Dios buscaría ayuda no directamente, sino apelando a su Padre. Nosotros debemos hacer lo mismo; debemos apelar a nuestro Padre, el que está sentado sobre el trono.

3. Ser cuidadosos al usar el discernimiento en la distinción de los ángeles verdaderos y sus imitadores, los demonios. La verdadera

guerra espiritual se centra en torno al Hijo. No se deje engañar. Recuerde que tanto los ángeles celestiales como los ángeles caídos, y especialmente Satanás, pueden aparecer vestidos de luz. Pablo dijo: "... *porque el mismo Satanás se disfraza como ángel de luz*" (2 Corintios 11:14). Otra clave para el éxito está en asegurarnos que ya hemos tratado con los asuntos pendientes y con el perdón, para que satanás no tome ventaja sobre nosotros: "*Y al que vosotros perdonáis, yo también; porque también yo lo que he perdonado, si algo he perdonado, por vosotros lo he hecho en presencia de Cristo, para que Satanás no gane ventaja alguna sobre nosotros; pues no ignoramos sus maquinaciones*" (2 Corintios 2:10-11). El perdón es una de las herramientas más importantes de la guerra espiritual. Anula la habilidad del enemigo de tomar terreno en nuestras vidas.

EL OBSTÁCULO DE UN MAL CORAZÓN

No importa cuán proféticamente dotados podamos estar, nuestra habilidad de fluir en el pleno poder y la revelación de lo profético depende de la pureza de nuestros corazones y la intimidad de nuestro andar con el Señor. Los dones y llamados de Dios son irrevocables. Esto significa que podremos operar a un cierto grado de revelación profética aún si no estamos caminando cerca del Señor, pero nunca alcanzaremos nuestro potencial completo mientras que permanezcamos en esa condición.

El profeta Jeremías nos provee una lista de cosas que necesitamos cuidar. El capítulo 23 de su libro es una acusación a los pastores (líderes espirituales) y profetas en Israel por haber fallado en guiar al pueblo honesta y responsablemente por los caminos del Señor. Según Jeremías, estos eran los pecados de los profetas de Israel:

1. Usar su poder injustamente
"*A causa de los profetas mi corazón está quebrantado dentro de mí, todos mis huesos tiemblan; estoy como un ebrio, y como hombre a quien dominó el vino, delante de Jehová, y delante de sus santas palabras. Porque la tierra está llena de adúlteros; a causa de la maldición la tierra está desierta; los pastizales del desierto se secaron; la carrera de ellos fue mala, y su valentía no es recta*" (Jeremías 23:9-10). Esto le da justo al tema de la manipulación: ¿Por qué queremos esa revelación y qué haremos con ella una vez que la tengamos? Dios conoce la condición de nuestro corazón. Un motivo incorrecto estorba la revelación.

2. Mezclar las fuentes del mensaje
"*En los profetas de Samaria he visto desatinos; profetizaban en nombre de Baal, e hicieron errar a mi pueblo de Israel*" (Jeremías 23:13). Esto habla también de mezclar las cosas de la carne y del mundo con las del Espíritu. El resultado es un mensaje contaminado. Necesitamos tener vidas limpias para ser completamente "usables" para el Señor.

3. Involucrarse en inmoralidad
"*Y en los profetas de Jerusalén he visto torpezas; cometían adulterios, y andaban en mentiras, y fortalecían las manos de los malos, para que ninguno se convirtiese de su maldad; me fueron todos ellos como Sodoma, y sus moradores como Gomorra*" (Jeremías 23:14). Un estilo de vida inmoral obstruye el canal por donde debe fluir la bendición y la revelación de Dios.

4. Hablar de su propia imaginación
"*Así ha dicho Jehová de los ejércitos: No escuchéis las palabras de los profetas que os profetizan; os alimentan con vanas esperanzas; hablan visión de su propio corazón, no de la boca de Jehová*" (Jeremías 23:16). Debemos guardarnos constantemente de dar nuestra propia opinión tratando de colgarnos de la autoridad del Señor.

5. Hablar paz cuando no hay paz
"*Dicen atrevidamente a los que me irritan: Jehová dijo: Paz tendréis; y a cualquiera que anda tras la obstinación de su corazón, dicen: No vendrá mal sobre vosotros*" (Jeremías 23:17). Esto significa que sus palabras no tienen sustento; dicen lo que la gente quiere oír.

6. Dar mensajes falsos
"*¿Se ocultará alguno, dice Jehová, en escondrijos que yo no lo vea? ¿No lleno yo, dice Jehová, el cielo y la tierra? Yo he oído lo que aquellos profetas dijeron, profetizando mentira en mi nombre, diciendo: Soñé, soñé*" (Jeremías 23:24-25). Tenemos la obligación y la increíble responsabilidad de dar mensajes verdaderos del Señor. Simplemente, no podemos presentar las cosas proféticas con aires de superioridad

7. Robar las palabras de otros
"*Por tanto, he aquí que yo estoy contra los profetas, dice Jehová, que hurtan mis palabras cada uno de su más cercano*" (Jeremías 23:30). Si nuestro pozo está seco será muy fácil sucumbir a la tentación de tomar algo que hemos aprendido en un seminario u oído decir a alguien en una reunión y presentarlo como si fuera nuestro, no diciendo que es nuestro pero tampoco dándole el crédito a quien es debido. Decir: "No sé" o "no tengo una palabra hoy" siempre será mejor que robarle las palabras a otro, solo para quedar bien.

8. Envolverse en lisonjas
—"*He aquí, dice Jehová, yo estoy contra los que profetizan sueños mentirosos, y los cuentan, y hacen errar a mi pueblo con sus mentiras y con sus lisonjas, y yo no los envié ni les mandé; y ningún provecho hicieron a este pueblo, dice Jehová*" (Jeremías 23:30). No tratemos de ser mejores de lo que somos o de embellecer nuestros logros frente a otros.

Otro peligro es seguir el ejemplo de Balaam y vendernos por precio (Números 24:2-4, 15-16). Nuevamente esto se refiere al área de la motivación. ¿Por qué hacemos lo que hacemos? Espero que sea porque queremos traer gloria, honor y alabanza a aquel que es digno, al Señor Jesucristo.

Aquí hay un par de versículos para tener en mente a la hora de hablar de los obstáculos de un mal corazón:

Porque Jehová abomina al perverso; mas su comunión íntima es con los justos (Proverbios 3:32).
¡Oh almas adúlteras! ¿No sabéis que la amistad del mundo es enemistad contra Dios? Cualquiera, pues, que quiera ser amigo del mundo, se constituye enemigo de Dios. ¿O pensáis que la Escritura dice en vano: El Espíritu que él ha hecho morar en nosotros nos anhela celosamente? (Santiago 4:4-5).

Otro término para la palabra "perverso" usada en Proverbios 3:32, sería "torcido". Ser torcido es ser doblado en algún grado. Si hay torceduras en nuestro corazón, no podemos ser tan íntimos con el Señor como Él desearía que seamos. Por otro lado, el Señor tiene intimidad con los justos. Esto significa que Él se acerca a ellos para revelarse a sí mismo.

Sobre el mismo tema, Santiago 4:4-5 nos dice que no podemos ser amigos del mundo y mantener nuestra amistad con Dios. El mundo (la humanidad aun no salva) es enemigo de Dios, y todos los que se alínean con el mundo se hacen enemigos de Dios también. Jesús dijo que no podíamos servir a dos amos. O el Señor es nuestro amo o el mundo lo es. No hay otra opción.

CULTIVAR EL TEMOR DEL SEÑOR

Una de las principales razones por la que tantos cristianos experimentan tan poco la realidad del día a día con el Señor, es que pocos de nosotros realmente entendemos lo que significa tener el santo temor del Señor. El temor del Señor es la base –el punto de partida– para edificar nuestra intimidad con Dios.

Él nos conoce íntimamente, y quiere que nosotros lo conozcamos del mismo modo. Probablemente ningún otro pasaje describe mejor el conocimiento íntimo que Dios tiene de nosotros que el Salmo 139:

> Oh Jehová, tú me has examinado y conocido. Tú has conocido mi sentarme y mi levantarme; has entendido desde lejos mis pensamientos. Has escudriñado mi andar y mi reposo, y todos mis caminos te son conocidos. Pues aún no está la palabra en mi lengua, y he aquí, oh Jehová, tú la sabes toda.(...) ¿A dónde me iré de tu Espíritu? ¿Y a dónde huiré de tu presencia? Si subiere a los cielos, allí estás tú; y si en el Seol hiciere mi estrado, he aquí, allí tú estás. Si tomare las alas del alba y habitare en el extremo del mar, aun allí me guiará tu mano, y me asirá tu diestra.(...) Porque tú formaste mis entrañas; tú me hiciste en el vientre de mi madre.(...) Mi embrión vieron tus ojos, y en tu libro estaban escritas todas aquellas cosas que fueron luego formadas, sin faltar una de ellas (Salmo 139:1-4, 7-10, 13, 16).

Entender que Él nos conoce tan bien, debería producir temor reverente en nuestras vidas. No un miedo espantoso, sino una actitud santa de honrar, amar y respetar a Dios. Él está cerca y lejos de nosotros al mismo tiempo; cerca, porque nos ama y busca una relación personal de amor con nosotros; lejos, porque siendo Dios es infinitamente mayor y más alto que nosotros.

Como Dios está en todos lados, y como sus ojos que todo lo ven saben todo acerca de nosotros, ¿por qué no caminamos sencillamente en transparencia y honestidad con Él? Creo que realmente de eso se trata el temor de Dios –de ser abiertos, genuinos, transparentes para con Él.

Un andar limpio con Dios traerá a nuestras vidas el maravilloso fruto del gozo auténtico.

Levántate, resplandece; porque ha venido tu luz, y la gloria de Jehová ha nacido sobre ti. Porque he aquí que tinieblas cubrirán la tierra, y oscuridad las naciones; mas sobre ti amanecerá Jehová, y sobre ti será vista su gloria. Y andarán las naciones a tu luz, y los reyes al resplandor de tu nacimiento. (...) *Entonces verás, y resplandecerás; se maravillará y ensanchará tu corazón...* (Isaías 60:1-3, 5a).

Recuerde lo que le pasó a Moisés. Después de estar en la presencia de Dios, su rostro brillaba tan radiantemente que tuvo que ponerse un velo sobre su cara, para protegerla. Los que somos parte del Nuevo Pacto en Cristo, debemos reflejar el brillo del Señor en nuestras vidas. Cuando nuestras vidas están radiantes por su presencia, nuestros corazones serán llenos de gozo y este atraerá a otros. Básicamente, el Salmo 2:11 lo dice todo: *"Servid a Jehová con temor, y alegraos con temblor"*. El temor del Señor trae gozo. También abre el tesoro de Dios. Isaías 33:6 dice: *"Y reinarán en tus tiempos la sabiduría y la ciencia, y abundancia de salvación; el temor de Jehová será su tesoro"*. El salmista escribe:

¿Quién es el hombre que teme a Jehová? Él le enseñará el camino que ha de escoger. Gozará él de bienestar, y su descendencia heredará la tierra. La comunión íntima de Jehová es con los que le temen, y a ellos hará conocer su pacto (Salmos 25:12-14).

Un gran tesoro le espera al pueblo que anda fielmente en el temor del Señor. Un tesoro abundante de salvación, prosperidad espiritual, y la pasión más grande de la vida: la intimidad con Dios.

ENTREGÁNDONOS AL PROCESO

Dios busca personas con quienes compartir su secreto. Busca gente que tenga un deseo apasionado por Él. Si nuestra pasión es el Señor –no las visiones, profecías, manifestaciones o algo por el estilo que queramos para nosotros mismos–, entonces se nos revelará de diferentes maneras. El Salmo 37:4, dice: *"Deléitate asimismo en Jehová, y él te concederá las peticiones de tu corazón"*. Si lo buscamos, lo hallaremos. Jesús prometió: *"Pedid, y se os dará; buscad, y hallaréis; llamad, y se os abrirá. Porque todo aquel que pide, recibe; y el que busca, halla; y al que llama, se le abrirá"* (Mateo 7:7-8).

El vidente

Dios recompensa a todo aquel que lo busca con un corazón diligente:

Pero sin fe es imposible agradar a Dios; porque es necesario que el que se acerca a Dios crea que le hay, y que es galardonador de los que le buscan (Hebreos 11:6).

Porque yo sé los pensamientos que tengo acerca de vosotros, dice Jehová, pensamientos de paz, y no de mal, para daros el fin que esperáis. Entonces me invocaréis, y vendréis y oraréis a mí, y yo os oiré; y me buscaréis y me hallaréis, porque me buscaréis de todo vuestro corazón (Jeremías 29:11-13).

Por muchos años mientras crecía y ya siendo una joven adulta, mi esposa oraba fervientemente para que el Señor viniera a su vida. Hace algunos años Él respondió esta oración en una forma maravillosa. Michal Ann recibió una serie de visitaciones que fueron tan intensas, tan fuertes, que ella hubiera querido gritar: "¡Ya basta, Señor, esto es demasiado!" Esas visitaciones usualmente venían de noche, y durante el día ella oraba: "Señor, no escuches mis oraciones de la noche, sino escucha las del día. ¡Oh Dios, ven! ¡Oh Dios, ven!"

Durante esos encuentros, el Señor la animaba: "Toda tu vida me has pedido que venga. Ahora, ¿quieres que lo haga o no?" Ella respondía: "Señor, sea que viva o no, eso no es lo importante. Si tu presencia quiere venir tan fuerte que me termine matando, esa es tu decisión. Dios, yo digo: Ven."

Esta es la clase de pasión que Dios busca. Si clamamos en el nombre del Señor y lo buscamos de todo corazón, Él nos mostrará cosas grandes y poderosas.

Además de nuestra búsqueda apasionada, debemos aprender a mantener el equilibrio entre las experiencias *objetivas* y las *subjetivas*. Una experiencia objetiva no está determinada por impresiones, sentimientos, visiones o voces internas, sino que está basada en convicciones acerca del carácter de Dios, su fidelidad para guardar sus promesas. Una experiencia subjetiva, por otro lado, es el clamor del alma por una conciencia más clara de Dios, el deseo apasionado de una manera distintiva de oír su voz.

Lo que sea que hagamos, debemos mantener el equilibrio entre lo objetivo y lo subjetivo. No debemos obsesionarnos con lo profético o con la revelación visionaria, que desechemos La Biblia. Cuidemos nuestra objetividad. La palabra revelada no está para competir con la palabra escrita, sino para complementarla, y *siempre* se subordina a ella. La Palabra escrita de Dios es la norma inamovible por la cual *toda* la palabra de revelación *debe* ser medida.

Finalmente, ¡dejemos que Dios sea Dios! Confiemos en que nos guiará segura y firmemente:

> *Porque Jehová conoce el camino de los justos; mas la senda de los malos perecerá* (Salmos 1:6).
>
> *Fíate de Jehová de todo tu corazón, y no te apoyes en tu propia prudencia. Reconócelo en todos tus caminos, y Él enderezará tus veredas* (Proverbios 3:5-6).
>
> *¿Quién hay entre vosotros que teme a Jehová, y oye la voz de su siervo? El que anda en tinieblas y carece de luz, confíe en el nombre de Jehová, y apóyese en su Dios* (Isaías 50:10).

Dependiendo del trasfondo y de la enseñanza que hayan recibido en sus iglesias, los cristianos responden de diferentes maneras a las experiencias místicas. Algunos sospechan de ellas, mientras que otros las condenan y rechazan de plano. Sin embargo, hay otros que abrazan estas experiencias a veces con precaución al principio, pero luego con creciente entusiasmo.

Ciertamente, es necesario que tengamos cuidado y que comprendamos bien cuando nos acercamos a estas cosas y tratamos de relacionarnos con otros creyentes que piensan diferente. Carlton Kenney sugiere cuatro parámetros o principios para tener en mente con respecto a las experiencias místicas:

1. Debemos enfrentar nuestros prejuicios y regresar a una posición bíblica al respecto. ¡No debemos tratarlas como extrañas!
2. Debemos mantener el equilibrio. Las experiencias místicas son meramente un medio, no un fin en sí mismas, no algo con lo que debemos fascinarnos.
3. Estas experiencias son una parte genuina del ministerio profético. El Señor quiere concederles mayores encuentros a todos los que le buscan. Que todos los que aman a Dios se atrevan a buscarle más diligentemente.
4. Proveamos un clima amigable para que la gente profética emergente madure. Si la iglesia cultiva un ambiente amoroso, en pocos años la iglesia tendrá recompensa de profeta.[33]

No importa lo que hagamos como cristianos, nuestra meta –de hecho, la meta de todas las cosas– debe ser crecer en intimidad con nuestro Padre amoroso, por el poder del Espíritu Santo y a través de nuestro Señor Jesucristo. Esa es la meta de mi vida. ¿Quiere unirse a mí?

Capítulo 11

Corrientes ocultas de lo profético

En mi propia experiencia descubrí que el camino más directo a una intimidad mayor con Dios, fue a través de la práctica de una de las artes casi perdidas en el ritmo apresurado de la iglesia de hoy, algo llamado "oración contemplativa". Desde que la descubrí, hace más de una década, se convirtió en una de mis favoritas, uno de los rasgos centrales de mi andar con Dios.

Usted puede preguntar: "¿Qué tiene eso que ver con cultivar la dimensión del vidente?" Para los principiantes, permítanme darles un pensamiento que desarrollaré a lo largo de este capítulo: la oración nos lleva a su presencia y esta es el espíritu de la revelación.

Una noche en 1991 tuve un sueño que no entendí (lo cual no es para nada raro tratándose de mí). La voz del Señor me dijo: "Te revelaré las corrientes ocultas de lo profético".

En ese tiempo una joven pareja vivía con Michal Ann y conmigo. Marcus y Alyxius Young se preparaban para ser enviados como cuarta generación de misioneros al sudoeste asiático. A causa de que Marcus fue criado en el campo misionero en las Filipinas, su andar cristiano era bastante diferente al de muchos cristianos en Norteamérica. Básicamente fue autodidacta, su lectura casi exclusiva se resumía a La Biblia y algunos escritos de la iglesia cristiana primitiva. Su pericia literaria no era aquella de los escritos modernos, carismáticos o algo por el estilo.

Mientras meditaba en mi sueño, pensé en Paul Cain, un estadista vidente de nuestros días, que reemergió luego de veiticinco años de estar oculto. Conociendo su peregrinaje, especulaba que las palabras habladas en mi sueño –"Te revelaré las corrientes ocultas de lo profético"– podrían significar que todavía había otros como Paul Cain que estaban ocultos. Sentí que el Señor iba a sacar esas vasijas escondidas en el armario e iba a revelarlas. Estaba emocionado con la idea de que mis caminos pudieran cruzarse con los de otra gente profética para que pudiéramos aprender unos de otros.

Cuando le conté mi sueño a Marcus y la interpretación de su significado, él me dijo: "No, eso no es lo que tu sueño significa. El Señor va a revelarte las corrientes ocultas de lo profético a través de los padres del desierto y los cristianos místicos".

Cuando escuché eso, mi corazón saltó dentro de mí, y dije: "Oh, sí Señor". Siempre amé la historia de la Iglesia, aunque no tengo grandes estudios sobre ella. Por la ayuda sobrenatural del Señor, con frecuencia me topo con revelaciones de proporciones significativas, casi por accidente.

En otra ocasión similar, estaba tendido sobre el suelo teniendo algo de "tiempo de alfombra", luego de que Mahesh Chavda hubo orado por mí. Mientras estaba tirado, vi una imagen de un "barril": era de madera, pequeño y redondo. Mirando la figura en el Espíritu, pensé: "No puede ser de Dios". Pero al seguir mirando, vi que el barril estaba debajo del cuello de un gran perro, de hecho era un San Bernardo. Al continuar mirando esta visión interactiva, el gran perro vino corriendo hacia mí y me miró fijo a los ojos. "¿Qué es esto?", me pregunté. Recién allí las palabras entraron a mi mente: "Voy a presentarte la vida de San Bernardo de Clairvaux". Nunca había oído ese nombre. Después aprendí que fue un monje del siglo XII que estaba familiarizado con el tema de la oración contemplativa y el caminar en gran intimidad con Dios.

Estas experiencias me lanzaron a un viaje de un año de duración, en el cual exploré algunos de los tesoros más ricos del cristianismo. Una travesía que animo a cada creyente a realizar. Por un año entero (me hubiera encantado que fuera más), leí solo de La Biblia y de los escritos de los líderes de la iglesia primitiva, comúnmente conocidos como "los padres del desierto". Fui enriquecido para siempre con esta experiencia. De hecho, si leyeron mi libro *Wasted on Jesus* ("Consumidos por Jesús"), mucha de la inspiración para ese clásico vino de mis experiencias durante ese período.

LA ORACIÓN CONTEMPLATIVA

Durante ese año, cuanto más leía, más me daba cuenta de que estaba en terreno conocido. Este era un camino que ya transitaba en cierto modo. La oración contemplativa trata sobre la búsqueda de intimidad con Dios. La Biblia está llena de referencias al respecto:

> *Por tanto, nosotros todos, **mirando a cara descubierta como en un espejo la gloria del Señor**, somos transformados de gloria en gloria en la misma imagen, como por el Espíritu del Señor* (2 Corintios 3:18, énfasis mío).

Estad quietos, y conoced que yo soy Dios; seré exaltado entre las naciones; enaltecido seré en la tierra (Salmos 46:10, énfasis mío).

Puestos los ojos en Jesús, el autor y consumador de la fe, el cual por el gozo puesto delante de él sufrió la cruz, menospreciando el oprobio, y se sentó a la diestra del trono de Dios (Hebreos 12:2, énfasis mío).

Hablamos de una práctica cristiana antigua que no fue ampliamente difundida o practicada en gran parte de las filas evangélicas o carismáticas de hoy, pero que el Espíritu de Dios está restaurando al Cuerpo de Cristo.

En la oración contemplativa, nosotros como cristianos no nos relacionamos con Dios principalmente como con uno que se sienta sobre su trono en los cielos sino que, a través de la realidad de nuestro nuevo nacimiento en Cristo, nos conectamos con Él como alguien que hizo morada dentro de nosotros. Cada uno de nosotros tiene un trono en su corazón, donde Él habita en una manera muy personal. En contraste, en la oración intercesora, nos acercamos a quien está sentado sobre su trono en los cielos. Entonces, como creyentes-sacerdotes, apelamos ante Dios y nos paramos en la brecha y le recordamos su palabra.

Otra frase que es muy usada en algunos círculos hoy es "comunión con Dios". Se entiende como tener compañerismo con Dios a través del poder del Espíritu Santo en Jesucristo, quien habita en el creyente nacido de nuevo. La comunión con Dios es una manera de tener amistad con el Espíritu Santo, aprendiendo a aquietar las distracciones de nuestra alma y del mundo, calmando el caos interno y el ruido externo que tienden a desviar nuestra atención tan fuertemente. En esta maravillosa forma de oración, venimos al corazón o "centro" de nuestro ser donde Dios habita a través del Espíritu Santo, quien tomó posesión. Contemplamos la hermosura de Jehová, e inquirimos en su templo (ver Salmos 27:4).

En el primer capítulo de Colosenses Pablo habla de los santos *"a quienes Dios quiso dar a conocer las riquezas de la gloria de este misterio entre los gentiles; que es <u>Cristo en vosotros, la esperanza de gloria</u>"* (Colosenses 1:27, énfasis mío). La *"esperanza de la gloria"* es Cristo *en nosotros*. Algunos de los cristianos primitivos contemplativos y místicos, como madame Guyon y otros, se refieren a esto como "la mayor unión con Cristo". Veamos brevemente una cita acerca de Jeanne Guyon escrita en el libro de mi esposa, *Un llamado al lugar secreto*.

Más profundamente que nada, la vida de madame Guyon nos enseña esta maravillosa verdad acerca de cómo podemos experimentar intimidad con Dios. Porque ella escribe: "Es Jesucristo mismo, la Palabra real y esencial, que está en el centro del alma el que se dispone a recibirlo. Nunca cesa un momento su operación divina y fructífera."[34]

Cuando entramos en comunión con Dios, quien habita dentro de nosotros, tenemos compañerismo con el *zoe*, la vida misma de Dios, que nos limpia y nos separa para Él. Esto es lo que significa ser transformados.

Hace mucho tiempo aprendí una declaración que da una sencilla explicación a todo esto: *Debemos mantener la vida interior para ser efectivos en la vida exterior*. Para poder ser capaces de avanzar en confianza y autoridad para hacer la voluntad de Dios y ministrar en el poder del Espíritu Santo, debemos nutrirnos y mantener nuestra comunión interior y compañerismo con Dios. Debemos ir regularmente a ese lugar en nuestro corazón donde su presencia habita.

Con mucha frecuencia en toda la historia de la Iglesia y aún hoy, los cristianos tendieron a dividirse en dos grupos con respecto a estas verdades. Un grupo es el de "ir y hacer", siempre ocupados, siempre haciendo cosas, misiones, sirviendo a los pobres, predicando el evangelio. El otro grupo es el "contemplativo", el de la meditación, la quietud y la reflexión, que le dan culto a la vida interior y solo quieren permanecer allí todo el tiempo.

Bernardo de Clairvaux, el monje del siglo XII, identificaba tres "vocaciones" en la vida cristiana: la de Lázaro, el penitente; la de Marta, sierva activa y devota de las tareas hogareñas; y la de María, la contemplativa. Según Jesús, María había elegido la mejor parte. No había razón para que ella envidiara a Marta, o dejara su deseo de contemplación insatisfecho para ayudar a su hermana en sus labores. La contemplación siempre debe ser deseada y preferida. La actividad debe ser aceptada, pero nunca buscada como un fin. Al final, la plenitud de la vida cristiana se halla en la unión de Marta, María y Lázaro en una persona.

La vida *interna* nos prepara para la vida *externa*; ambas son necesarias. Una de las lecciones que debemos aprender es construir un puente entre las dos.

ESCUCHE, VELE, AGUARDE

En este tipo de oración de comunión no se trata de *hacer* algo, sino de *estar con alguien* hasta que nos convirtamos en su expresión para el mundo que nos rodea. Una de las mejores cosas que hice en mi vida me sucedió recientemente en Spokane, Washington, cuando participaba de cinco días de "Voto de silencio". Durante las primeras diez horas de cada día, siete personas nos reuníamos cada mañana solo para hablar de nuestra fe, y luego tomábamos un voto de silencio para las próximas doce horas. Eso significaba que no debíamos hablar en absoluto. ¡Qué disciplina espiritual! ¡Qué día tan difícil, pero qué enriquecedor!

¡Esa semana realmente "me cargó las pilas"! Para el cuarto y quinto día ya estaba inundado de una clase de revelación que me mantuvo encendido por meses. No fue otra cosa que la disciplina espiritual de aquietar mi alma ante Dios, prepararme a escuchar y esperar oír su voz. Difícilmente puedo describir el hondo sentido de paz interior y contentamiento que vino sobre mi vida en ese tiempo.

El octavo capítulo de Proverbios provee tres principios importantes relativos a la oración contemplativa:

Ahora, pues, hijos, oídme, y bienaventurados los que guardan mis caminos. Atended el consejo, y sed sabios, y no lo menospreciéis. Bienaventurado el hombre que me escucha, velando a mis puertas cada día, aguardando a los postes de mis puertas. Porque el que me halle, hallará la vida, y alcanzará el favor de Jehová. Mas el que peca contra mí, defrauda su alma; todos los que me aborrecen aman la muerte (vv. 8:32-36).

El versículo 34 contiene tres principios: "Escucha", "vela" y "aguarda". Los tres verbos están en hebreo en pasado continuo pasivo, indicando que son actividades que continúan en vez de ser momentáneas. Benditos son los que escuchan, y continúan escuchando; los que velan, y siguen velando; y los que esperan, y siguen esperando.

Para poder escuchar, tenemos que cerrar nuestras bocas. No podemos oír y hablar al mismo tiempo. Velar a las puertas significa: estar alerta y despierto. Josué, el siervo y sucesor de Moisés, fielmente se paraba afuera del tabernáculo de reunión cada vez que Moisés entraba. Porque estaba vigilante, era también el primero en ver la gloria que reflejaba el rostro de su líder cuando este salía de una reunión con Dios. Esperar en las puertas significa: estar en pie para escuchar lo que el Señor dirá, listos para cumplir sus órdenes o sentarse en quieta reverencia y adoración. Lo que sea que Él desee.

¿Cuáles son las claves para una experiencia contemplativa? Escuchar, velar, aguardar

EL VOCABULARIO DE LO CONTEMPLATIVO

La oración contemplativa no es una técnica. No es una terapia de relajación o una forma de autohipnosis. No es un fenómeno psíquico o paranormal. No es una aproximación de la Nueva Era a una manera de mejoramiento personal, ni un intento de poner la mente en blanco. No es algo nuevo, mucho menos una actualización de la meditación occidental envuelta en "ropas cristianas". La contemplación es una herramienta bíblica de antaño para entrar en intimidad con Dios.

"Contemplar" significa: mirar fijamente a propósito, pensar a propósito, estudiar, esperar, meditar, reflexionar. La palabra *reflexionar* significa: pensar acerca de algo, considerar profundamente, meditar. *Meditar* significa: planear, tener intención de, pensar profundamente, reflejar sobre. La palabra *reflejar* significa: devolver luz, sonido, una imagen en un espejo, traer nuevamente o llevar nuevamente como consecuencia o como gloria reflejada.

Cualquier concepto es confuso si no entendemos los términos del vocabulario usado. Por esta razón, quiero definir algunos de los términos que hallamos comúnmente en los escritos cristianos proféticos y contemplativos, tanto antiguos como modernos.

- *Falso hombre*

Es la vieja naturaleza pecadora o el "viejo hombre" que Pablo les dice a los efesios:

En cuanto a la pasada manera de vivir, despojaos del viejo hombre, que está viciado conforme a los deseos engañosos, y renovaos en el espíritu de vuestra mente, y vestíos del nuevo hombre, creado según Dios en la justicia y santidad de la verdad (4:22-24).

Este "falso yo" es el yo egocéntrico que se aferra a las cosas y los valores del mundo, y confía en las posesiones, el poder u otras personas para tratar de hallar la felicidad, la paz, el propósito, el significado y la vida.

- *Verdadero hombre*

Este corresponde a la nueva naturaleza espiritual que tenemos como cristianos, el "nuevo hombre" de Efesios 4:24 y Colosenses 3:10.

No mintáis los unos a los otros, habiéndoos despojado del viejo hombre con sus hechos, y revestido del nuevo, el cual conforme a la imagen del que lo creó se va renovando hasta el conocimiento pleno (Colosenses 3:9-10).

- *Concentrarse*
Aunque fue un término usado ampliamente por los cuáqueros, su uso no se limita a la teología y práctica cuáqueras. Significa, simplemente: alejar todas las distracciones que compiten por nuestra mente hasta que estemos verdaderamente presentes con Él. ¡Me encanta! Concentrarse es el arte meditativo de aquietarnos y enfocarnos en el Señor, quien es el centro de toda vida.

- *Recordar*
Es el proceso de recolectar partes separadas de un todo. Es permitirle al Espíritu Santo que arroje luz sobre las fragmentaciones de nuestra vida como para traer sanidad y limpieza a nuestras almas, emociones, recuerdos y pensamientos. Dos términos asociados que significan lo mismo son: *recolección* e *integración*.

- *Unión con Dios*
Significa: ser hechos uno con nuestro amo y creador. Es una obra que Dios hace en nuestros corazones, con dos ingredientes esenciales de parte de nosotros: amor por Dios y pureza de corazón. Primero viene la revelación del inmenso amor que Dios tiene por nosotros; y segundo, permitirle a Él producir en nosotros un corazón puro como expresión de nuestro amor por Él.

- *Éxtasis espiritual*
Este es esencialmente lo mismo que vimos en el Capítulo 9 sobre la dimensión extática: un trance sobrenatural iniciado por el Espíritu Santo, en donde uno es tomado cautivo al reino espiritual para recibir esas cosas –revelaciones, visones u otras experiencias– que Dios desea darnos.

Todo esto refleja un deseo de parte de los creyentes contemplativos de describir lo indescriptible. Al final, quedamos reducidos a la simple confesión de Walter Milton: "Contemplación es amor encendido con devoción".

La oración contemplativa es un ejercicio, donde abandonamos el control de nuestras propias vidas y rehusamos apoyarnos en los bastones del viejo hombre. Es una clase de comunión con el propósito de aumentar nuestra intimidad con Dios y nuestra conciencia de su presencia. Es un paso de sumisión, donde ponemos nuestro ser a disposición de Dios, a la vez que pedimos que su obra de purificación sea hecha en nuestras vidas.

El vidente

En Cristo Jesús nos abrimos a que el Espíritu Santo se conecte con el nuevo hombre, el verdadero hombre interior, y facilitamos un estado de unión con Dios.

RECORDAR

El cuáquero Richard Foster, autor de los clásicos cristianos modernos *Celebration of Discipline and Prayer: Finding the Heart´s True Home* ("Celebración de la disciplina y la oración: Hallando el verdadero hogar del corazón"), es un estudiante avanzado de las distintas formas de oración. A través de sus estudios y experiencias, clasificó la oración contemplativa en tres etapas: *recordar, la oración en quietud* y *el éxtasis espiritual*.[35]

La fase uno es *recordar*, la cual vimos anteriormente, cómo liberarse de todas las distracciones. Esa es la idea que está detrás del Salmo 46:10: *"Estad quietos y conoced que yo soy Dios"*. Algunas traducciones literalmente lo dicen de este modo: "Relájense y libérense, y conozcan que yo soy Dios".

Hay una correlación aquí entre el conocimiento interno, en una manera de revelación, del gran amor de Dios por nosotros, y el arrepentimiento de nuestra parte. Arrepentimiento significa: volverse del pecado hacia Dios. En la rememoración, nos alejamos de todas las distracciones para concentrarnos en el Señor y su presencia.

Un ejemplo de distracción es enfocarse en lo que ya pasó, particularmente cuando nos hizo vivir en culpa y condenación. Mientras continuamos en esta senda de meditación, la verdad se ilumina dentro de nosotros. Una de las primeras cosas que veremos es la gravedad de nuestro pecado, todas nuestras fallas, heridas y fracasos. Parte de la fase de recordar es aprender a entregar esas cosas como un acto de adoración al Señor, y luego vivir en la simple realidad de la fe en la sangre de Jesús y el proceso de sanidad a través de la cruz en nuestras vidas. Este proceso tiene que ver con echar nuestros temores, ansiedades, miedos y preocupaciones sobre Él, porque Él tiene cuidado de nosotros (ver 1 Pedro 5:7).

Mientras descansamos en la quietud, le pedimos al Espíritu Santo que haga real a Jesús en nosotros y anule todo lo demás. Richard Foster nos enseña que una manera de hacer esto es ver a Jesús sentado en un sillón enfrente de nosotros. Él ciertamente está presente, pero a veces necesitamos cierta ayuda para visualizar esa realidad. Dios creó nuestra imaginación y, al igual que cualquier otra facultad que poseemos, precisamos santificarla, rendirla y usarla para los propósitos de Dios.

Nuestra habilidad de fluir en el don de obrar milagros, incluyendo los milagros creativos, viene en parte por rendir al Señor la parte creativa de nuestras vidas, nuestra imaginación, porque allí es donde comenzamos a creer lo imposible. Utilizar nuestra imaginación en la contemplación es perfectamente apropiado y uno de los mejores usos que podemos darle, cuando le pedimos a Dios que llene nuestros sentidos con su Espíritu Santo. Por supuesto, esto no es lo mismo que las imágenes usadas en la Nueva Era, sino simplemente lo que el Hermano Lawrence llamó: "La práctica de la presencia de Dios".

Si las frustraciones y distracciones comienzan a presionarnos, necesitamos una estrategia para cerrarles el paso. Madame Jeanne Guyon, la cristiana francesa y mística de fines del siglo XVII y principios del XVIII, y verdadera pionera de la oración contemplativa, cuyos escritos citamos anteriormente, recomendaba la meditación sobre Las Escrituras para este propósito. Cuando las distracciones llaman nuestra atención, ella nos recomienda reflexionar, meditar, considerar y susurrar textos bíblicos. (Todas estas palabras están contenidas en el significado de la palabra *meditar*.) Meditar en Las Escrituras nos ayuda a reenfocar nuestra atención en el Señor, lo cual es lo que se supone que hagamos. Nuevamente, las palabras de madame Guyon:

> Primero, lea un pasaje de Las Escrituras. Una vez que sienta la presencia del Señor, el contenido de lo que ha leído ya deja de ser importante. La Palabra ha cumplido su propósito: ha aquietado su mente y lo ha acercado a Él.

El objetivo es apaciguarnos ante el Señor, quieta y reposadamente, y permitir que el silencio serene nuestros corazones ruidosos. Esta es una habilidad que no se logra fácilmente, sino que se desarrolla en el tiempo a través de un proceso. Reconocer el problema ya es un paso en la dirección correcta. Ser conscientes de nuestra torpeza para conquistar las distracciones por nuestros medios, es un gran avance. Todo eso es parte del proceso de recordar.

ORACIÓN EN QUIETUD

Cuando nos acostumbramos a los beneficios de la primera etapa, somos guiados a la segunda fase de la oración contemplativa, lo que Teresa de Ávila y muchos otros llamaron: "La oración en quietud".

En la fase anterior superamos los obstáculos del corazón, todas las distracciones de la mente y las vacilaciones de la voluntad. Las gracias divinas del amor y la adoración nos inundaron como olas del océano, el centro de nuestro ser está acallado, y hay quietud para escuchar. Algo en lo profundo de nuestro ser fue despertado y traído a nuestra atención, y nuestro espíritu anda en puntas de pie, alerta y escuchando. Desde afuera viene una firme mirada que entra al corazón, a veces llamada: "Contemplación al Señor".

Ahora nos calentamos en la tibieza de su abrazo. Al esperar delante de Dios, Él nos da un espíritu enseñable. Nuestra meta, por supuesto, es llevar este contento a cada área de nuestras vidas, pero generalmente eso no se produce de un día para el otro. Sin embargo, al experimentar más y más de esta introspección divina, comenzaremos a ser portadores de su presencia a lo largo de todo el día. Así como el humo penetra en nuestras ropas, así también el aroma de la presencia de Dios plasmará nuestro ser y seremos asimismo portadores de su fragancia donde quiera que vayamos. Este es uno de los beneficios de la oración de comunión: entibiarnos al resplandor del amado. Entonces, cuando salimos de estar con Él y vamos al mundo, llevamos ese brillo de su majestuosa presencia.

ÉXTASIS ESPIRITUAL

La tercera etapa de la oración contemplativa es el éxtasis espiritual. Ya vimos varios aspectos de este "estado" en el Capítulo 9. Cualquiera que estuvo en contacto cercano con una persona profética o un vidente, sabe que ellos tienden a ser tranquilos por naturaleza. Se calman a sí mismos, muchas veces cerrando los ojos, y esperan en un reposo casi pasivo. En ese lugar de quieto distanciamiento de la realidad que los rodea, la iluminación —el espíritu de revelación— se les otorga y sus seres pronto comienzan a llenarse con las imágenes, los pensamientos y el corazón de Dios.

Así funciona conmigo. Aplico la sangre de Cristo a mi vida y aquieto mi ser exterior. Luego entro en adoración a mi querido Señor y me deleito en la belleza de su hermosa presencia. Entonces Él me lleva a recámaras permeadas con la luz de su amor, y llena mi ser con las visiones que desea darme. Por momentos estoy tan cautivo por su amor, que me lleva más alto, al lugar celestial donde mi espíritu parece remontarse. ¡Oh, qué maravillosas son sus habitaciones! ¡Oh, qué asombroso es nuestro Señor!

El éxtasis espiritual, este paso final en la oración contemplativa, no es una actividad o algo que hacemos, sino una obra que Dios hace en nosotros. El éxtasis es la oración contemplativa elevada a la máxima potencia. Aún las autoridades reconocidas en materia de oración contemplativa admiten que es una experiencia breve en vez de una dieta básica.

De este estado de éxtasis, Theodore Brackle, un pietista holandés del siglo XVII, escribió:

Fui transportado a un estado tal de gozo que mis pensamientos fueron elevados a un nivel en que podía ver a Dios con los ojos de mi alma, y sentirlo al mismo tiempo. Fui lleno de gozo, de paz y una dulzura que no puedo expresar.

Otra manera de describir este estado extático es ser "embriagado" con la presencia de Dios. Para un observador externo, alguien tomado por el Espíritu y llevado a un estado de rapto así, puede parecer borracho. La esencia de esta experiencia es ser envuelto con la presencia de Dios, sea o no que oigamos o veamos algo.

Agustín de Hipona, el célebre doctor en teología del siglo IV, le dio la espalda a Dios durante los primeros años de su vida adulta. Su madre, Mónica, quien llegó a ser conocida como Santa Mónica, oró fiel y diligentemente durante muchos años por su hijo, hasta que finalmente este entró en el Reino de Dios. Juntos tuvieron una experiencia en el río Tíbet, en la ciudad italiana de Ostia. Agustín describe la experiencia en sus *Confesiones*:

> Así estábamos solos y hablando juntos y tan dulce nuestro hablar era... discutiendo entre nosotros y en presencia de la Verdad... cómo sería la vida eterna de los santos... Aún con la boca de nuestro corazón resollábamos por las corrientes celestiales de tu fuente, la fuente de vida. Entonces, con los afectos ardiendo aún más fuertemente hacia el Mismísimo, nos elevamos más alto y paso a paso atravesamos las cosas materiales, aún el cielo mismo, del cual el Sol, la Luna y las estrellas arrojan su luz sobre la Tierra. Y suavemente fuimos hacia arriba, meditando y hablando, y mirando con asombro tus obras. Y llegamos a nuestras propias almas, y seguimos más allá de ellas para alcanzar esa región de plenitud sin fallas donde alimentaste a Israel para siempre con el alimento de la verdad. Y, mientras conversábamos, anhelando esta Sabiduría, lo hicimos, con todo el impulso de nuestros corazones, suavemente entramos en contacto con ella, y miramos, y dejamos allí las primicias del Espíritu, y regresamos al sonido de nuestras voces, donde una palabra era tanto comienzo como fin.

Parte del problema que mucha gente tiene con estas corrientes desconocidas de lo profético y otras experiencias místicas, es que aquellos que las describen –aquellos contemplativos que lo han experimentado por sí mismos- no pueden sino usar un lenguaje de romance divino e hipérbole poética, que hace poner nerviosos a algunos. A menudo, el lenguaje del corazón no tiene sentido para la mente excepto para aquellos que están involucrados en el mismo sentir. El libro veterotestamentario de Cantar de los Cantares es nuestro ejemplo bíblico de este tipo de mensajes inspirados en vocabulario poético.

LA LÍNEA DE LLEGADA

Una vez que llegamos a conocer estas formas de Cristo en nosotros –la gloria de Dios mismo viviendo y habitando en nuestro ser– e ingresamos a la vida de unión y comunión con aquel que ahora reside sobre el trono de nuestras vidas, nos damos cuenta de repente que fuimos creados justo para eso. Caminar en esta vida y luz interior, nos da el poder para avanzar y hacer las obras de Cristo en lo exterior.

La gloria de Dios era tan brillante sobre Moisés, que tuvo que poner un velo sobre su rostro. En el Nuevo Pacto en Cristo bajo el cual vivimos, tenemos una invitación abierta del Señor: el velo rasgado es como una llamada a mirar su rostro tanto tiempo como deseemos hacerlo. La puerta está siempre abierta. ¡Entremos y contemplemos su brillante rostro! Al mirar a nuestro Maestro, ¡seremos cambiados de gloria en gloria, en gloria, en gloria!

Después de todo, ¿no es esa la línea de llegada, la meta de nuestra búsqueda apasionada? Él es el río de agua viva que hace que mi corazón se sienta feliz. Busquemos las "corrientes ocultas" de lo profético y abundemos en intimidad con el amante de nuestras almas. Él es el destino de nuestra jornada.

Capítulo 12

El rol de la intimidad en los cielos abiertos

Jacob huía por su vida. Su hermano Esaú estaba determinado a matarlo. ¿Por qué derramar sangre entre hermanos? Primero Jacob había engañado a Esaú para obtener la primogenitura por un plato de lentejas. Segundo, Jacob había engañado a su padre Isaac, robándole la bendición que por derecho le pertenecía a Esaú como primogénito. Jacob, cuyo significado es "suplantador" o "engañador", hacía juego con su nombre. Dos veces engañado por su hermano, Esaú juró hacerle pagar a Jacob con su vida.

Este es el mismo Jacob que más tarde lucharía con el ángel, que muchos eruditos creen fue la preencarnación de Cristo. El Señor permitió que Jacob pensara que había ganado, y que ganando obtenía la bendición de Dios. Esta bendición cambió su vida y con esto vino un nuevo nombre también. Jacob, el "engañador", se convirtió en Israel, el "príncipe de Dios". Salió de la lucha con una marca de por vida: una renguera permanente a causa de que el ángel le dislocó la cadera. Con esta marca, Israel fue camino a convertirse en el padre de una nación que bendijo al mundo entero. Doce tribus se levantaron de sus lomos.

EL SUEÑO DE UNA VIDA

Sin embargo, todo eso sucederá en el futuro. En ese momento, Jacob era un joven que huía asustado. Dejó atrás Beerseba, en la parte sur del desierto que alguna vez sería territorio de Israel, y viajó hacia Harán, la tierra de su madre Rebeca. La noche estaba cayendo. Jacob se sentía cansado y buscaba un lugar donde dormir. No tenía idea lo que estaba por ocurrir con su vida, sin hablar del impacto eterno que tendría.

Y llegó a un cierto lugar, y durmió allí, porque ya el sol se había puesto; y tomó de las piedras de aquel paraje y puso a su cabecera, y se acostó en aquel lugar. Y soñó: y he aquí una escalera que estaba apoyada en tierra, y su extremo tocaba en el cielo; y he aquí ángeles de

Dios que subían y descendían por ella. Y he aquí, Jehová estaba en lo alto de ella, el cual dijo: Yo soy Jehová, el Dios de Abraham tu padre, y el Dios de Isaac; la tierra en que estás acostado te la daré a ti y a tu descendencia. Será tu descendencia como el polvo de la tierra, y te extenderás al occidente, al oriente, al norte y al sur; y todas las familias de la tierra serán benditas en ti y en tu simiente. He aquí, yo estoy contigo, y te guardaré por dondequiera que fueres, y volveré a traerte a esta tierra; porque no te dejaré hasta que haya hecho lo que te he dicho (Génesis 28:11-15).

Jacob se detuvo para pasar la noche en un lugar tan árido, que la única cosa que pudo encontrar como almohada fue una piedra. Aún esto es un símbolo profético: Jacob apoyó su cabeza sobre una piedra, y Jesús –Yeshúa– es la Roca de nuestra salvación. Los que lo conocemos somos llamados a ser piedras vivas. Jacob apoyó su cabeza y fue catapultado a una nueva dimensión.

Recostándose para dormir, Jacob tuvo un sueño. Pero no fue un sueño común. Ese sueño fue de una proporción increíble y cambió su vida. Como Jacob, solo una noche que pasemos en la presencia revelatoria de Dios –solo una impartición de revelación– puede cambiar nuestras vidas para siempre, más que muchos años de aprendizaje y esfuerzo personal. Cuando Dios cambia *nuestras* vidas, entonces Él puede cambiar a *otros* a través de nosotros. Tal fue el caso de Jacob.

En el sueño de Jacob, vio una escalera que iba de la tierra y su extremo llegaba hasta el cielo, con ángeles que ascendían y descendían por ella. Lo que realmente cautivó su atención, sin embargo, fue esa visión del Señor parado al fin de la escalera. Jacob vio directamente el cielo; ¿quién de nosotros podría ver una cosa así y *no* ser cambiado? Experimentó el "cielo abierto" –tal como vimos en el capítulo 8–, en el cual vio una manifestación visible de Dios. Una de las principales características de un cielo abierto es que amplía nuestra visión de las actividades que tienen lugar allí y aún, a veces, una imagen de la persona divina.

Mientras Jacob miraba asombrado (¡y probablemente petrificado del miedo!), el Señor le habló, le reiteró las promesas que ya le había dado a su padre Isaac y a su abuelo Abraham. La tierra en la cual Jacob ahora reposaba iba a ser suya y de sus descendientes para siempre. Aquí estaba Jacob, un fugitivo y vagabundo con quizás algo más que las ropas que llevaba puestas, camino a convertirse en el padre de una gran nación. Dios le aseguró que Él estaría a su lado doquiera que fuera. Según esta promesa, cuando Jacob regresara a su tierra, no solo sería un hombre de gran riqueza y prosperidad, sino también alguien que conocía íntimamente a Dios.

LA PUERTA DEL CIELO

No hay necesidad de decir que Jacob estaba inundado de temor y asombro por lo que vivió esa noche:

Y despertó Jacob de su sueño, y dijo: Ciertamente Jehová está en este lugar, y yo no lo sabía. Y tuvo miedo, y dijo: ¡Cuán terrible es este lugar! No es otra cosa que casa de Dios, y puerta del cielo. Y se levantó Jacob de mañana, y tomó la piedra que había puesto de cabecera, y la alzó por señal, y derramó aceite encima de ella. Y llamó el nombre de aquel lugar Bet-el, aunque Luz era el nombre de la ciudad primero (Génesis 28:16-19).

Cuando Jacob se acostó para dormir aquella noche, no tenía ni la más remota idea de dónde estaba. Su sueño cambió su perspectiva por completo. Lo que parecía nada más que un lugar seco, rocoso y estéril, se transformó en un lugar santo, la casa de Dios y la puerta entre el cielo y la Tierra. Jacob se alejó de esta experiencia con sus sentidos abiertos a las realidades espirituales. Una vez que vio las cosas desde el punto de vista celestial, su perspectiva cambió completamente.

Hay una lección aquí para nosotros. ¿Cuántos de nosotros hemos visto a nuestros barrios o la ciudad en que vivimos como nada más que un desierto árido o un lugar seco y rocoso, tan poco atractivos como las sobras de la comida de ayer? Con mucha frecuencia maldecimos el lugar de nuestra misión, porque no podemos verlo a través de los ojos de Dios.

Cuando nos mudamos de la tierra de "los profetas de Kansas City" a Nashville, tuve un tiempo difícil de adaptación. Sabía que el Señor nos había guiado a una nueva tierra de promesas, pero los primeros dos años simplemente no pude acostumbrarme. Caminaba de un lado a otro, clamaba en las noches por respuesta. Constantemente me preguntaba a mí mismo, y a Dios: "¿Por qué este lugar se llama "La ciudad de la música", cuando en cada cuadra por medio hay edificios de ladrillos que son solo iglesias legalistas donde no suena ni una nota musical?" En ese tiempo, las autoridades en lo profético más reconocidas nacionalmente evitaban ir a Nashville o ser estorbadas por el "espíritu sordo y mudo" que parecía permear hasta la tapa de La Biblia. Así que decidí pasar tiempo con el Señor para recibir su opinión acerca de esta situación. Le pedí al Espíritu Santo que me concediera experimentar el sentarme con Cristo en lugares celestiales para obtener su perspectiva.

Eventualmente, recibí el "don redentivo de Dios" para comprender mi nueva tarea. Los alrededores no habían cambiado (todavía). Dios no había cambiado su decisión. ¿Qué cambió? ¡Yo cambié! Cuando esta transformación interna tuvo lugar, la fe se elevo desde adentro de mí para ayudarme a cambiar la "Ciudad de la música" en ¡la "Ciudad de adoración para el mundo"! Sí, podemos tener la mente de Cristo y creer y actuar consecuentemente.

De igual manera, Jacob se levantó de su sueño con una perspectiva diferente. ¿Qué cambió? No cambió su medio ambiente físico; todavía estaba cercado de rocas y tierra estéril. El cielo no había cambiado; era tan eterno e inmutable como siempre. Era Jacob el que había cambiado. El cielo abierto en este sueño le había permitido ver su realidad terrenal desde un punto de vista celestial. Eso siempre cambia la manera en que vemos las cosas. *"Ciertamente el Señor estaba en este lugar y yo no lo sabía."* Tal vez usted también necesita tomar un poco de tiempo y sentarse con Cristo Jesús y recibir su visión celestial acerca de su misión actual.

A través de un cielo abierto, Jacob recibió un momento de revelación que cambió su vida y su evaluación de la situación. Proféticamente, recostó su cabeza sobre la roca que es Cristo, y la revelación descendió y cambió su desierto en Betel, la "casa de Dios". Para Jacob, un cielo abierto fue la llave de la intimidad del conocimiento y la comunión con Dios.

Como creyentes, todos nosotros, seamos líderes o no, necesitamos alcanzar la perspectiva de Dios. Cuando lo hagamos, toda nuestra concepción, actitud y perspectiva cambiarán. Obstáculos imposibles de superar se convertirán en meros desafíos para enfrentar. En fe, comenzaremos a llamar lo que no es como si lo fuera. Ahora, yo amo mi asignación actual. Es uno de los más grandes privilegios que me fueron concedidos. ¡Sí, la "Ciudad de la música" será la "Ciudad de la adoración para el mundo"!

Jacob llamó al lugar donde estaba "la puerta del cielo". Esa es una buena descripción de un cielo abierto: una puerta al mundo espiritual para que los mortales puedan mirar dentro. Esto nos sugiere una pregunta interesante: Si había puertas del cielo sobre regiones geográficas específicas en los días de Jacob, ¿no habrá lo mismo hoy?

"HE AQUÍ, LOS CIELOS FUERON ABIERTOS"

El bautismo de Jesús fue una ocasión para otro evento de "cielos abiertos". Aunque los cuatro evangelios registran el bautismo de Jesús en una forma u otra, Mateo provee el relato más vívido:

> Entonces Jesús vino de Galilea a Juan al Jordán, para ser bautizado por él. Mas Juan se le oponía, diciendo: Yo necesito ser bautizado por ti, ¿y tú vienes a mí? Pero Jesús le respondió: Deja ahora, porque así conviene que cumplamos toda justicia. Entonces le dejó. Y Jesús, después que fue bautizado, subió luego del agua; y he aquí los cielos le fueron abiertos, y vio al Espíritu de Dios que descendía como paloma, y venía sobre él. Y hubo una voz de los cielos, que decía: Este es mi Hijo amado, en quien tengo complacencia (Mateo 3:13-17).

Las palabras en este pasaje indican que Juan, al igual que Jesús, vio los cielos abiertos y al Espíritu descender en forma de paloma, y oyó la voz desde lo alto. Esta experiencia de "cielos abiertos" le impartió a Juan información que de otro modo nunca hubiera alcanzado. Según sus propias palabras, sin embargo, Juan estaba preparado de antemano para que cuando tuviera la experiencia supiera lo que significaba:

> El siguiente día vio Juan a Jesús que venía a él, y dijo: He aquí el Cordero de Dios, que quita el pecado del mundo. Este es aquel de quien yo dije: Después de mí viene un varón, el cual es antes de mí; porque era primero que yo. Y yo no le conocía; mas para que fuese manifestado a Israel, por esto vine yo bautizando con agua. También dio Juan testimonio, diciendo: Vi al Espíritu que descendía del cielo como paloma, y permaneció sobre él. Y yo no le conocía; pero el que me envió a bautizar con agua, aquél me dijo: Sobre quien veas descender el Espíritu y que permanece sobre él, ése es el que bautiza con el Espíritu Santo. Y yo le vi, y he dado testimonio de que éste es el Hijo de Dios (Juan 1:29-34).

Juan el Bautista vio en el reino espiritual y discernió que una señal sería dada: el Espíritu Santo no descendería solamente, sino que *iluminaría* a Jesús o, en las palabras de Juan, *permanecería* sobre Él. Los cielos *efectivamente* se abrieron, el Espíritu *de hecho* descendió, y la voz de Dios *habló* desde lo alto: "Este es mi Hijo amado, en quien tengo complacencia".

El Espíritu descendiendo y permaneciendo era la señal profética que capacitaba a Juan para reconocer al Hijo de Dios, y para saber que este hombre era diferente de cualquier otro que hubiera nacido jamás de una mujer.

CON MENTALIDAD CELESTIAL

Hoy nuestra necesidad desesperada es estar tan hambrientos por Dios que clamemos por "cielos abiertos" que vengan a nuestras vidas, familias y ciudades. ¡Cómo necesitamos que la "escalera de Jacob" descienda nuevamente, no solo por una noche, sino en forma permanente! Muchos de nosotros morimos de hambre por el pan del Espíritu; clamemos que Él venga no solo a iluminar, sino también a permanecer. ¡Una presencia manifiesta del Señor en medio de nosotros!

La intensidad de nuestra hambre es directamente proporcional a la distancia de nuestro alcance de Dios. En el momento en que comenzamos a sentirnos satisfechos es cuando Dios nos envía un recordatorio de cuánto más necesitamos todavía de Él. Su deseo es crear en nosotros una mayor desesperación, que despertará un hambre más feroz, que a la vez nos llevará a un mayor alcance. No es que Él está lejos, porque siempre está cerca. El tema es nuestra necesidad de "cielos abiertos" de nuevo. ¡Aquí mismo, ahora mismo!

Creo que estamos entrando en una nueva era apostólica, cuando los cielos van a abrirse de par en par. Habrá enseñanza, revelación, expresión y experiencias de esto en una escala no vista desde los días del Nuevo Testamento, si es que lo hubo así. Hogares, familias, congregaciones, parques, hospitales, municipalidades enteras... todo se preparará para las manifestaciones de los "cielos abiertos". Tengo confianza en ello, porque creo firmemente que los "cielos abiertos" se posan sobre las ciudades. Lo experimenté en mi propia vida. Michal Ann y yo lo vivimos durante semanas en nuestro hogar. Por lo tanto, tengo fe de que esta influencia divina será extendida sobre regiones enteras, por períodos prolongados.

De todos mis años de viajes a muchas naciones, de ser parte en ayudar a encender fuegos en muchos lugares, y de entrevistar y andar con muchos "prendedores de fuegos", aprendí un principio muy importante. *Antes de que haya "cielos abiertos" sobre una congregación, ciudad o nación, primero debe haber "cielos abiertos" sobre una persona.* ¿Qué clase de persona puede tener los "cielos abiertos" sobre ella? Tendrá que ser alguien totalmente entregado al Señor. Alguien que esté absolutamente "consumido" por Jesús. Son aquellos de los cuales el viejo dicho de la Iglesia dice: "Tienen una mente tan celestial que no sirven para la Tierra". Esta declaración no es verdad exactamente. Por cierto, creo que el tiempo la modificó un poco hasta decir que los visionarios que están radicalmente comprometidos con Jesús tienen "una mente tan celestial que son inmensamente necesarios en la Tierra". Cuando los cielos se abren sobre individuos, ellos llevan esos "cielos abiertos" dondequiera que vayan y son cambiadores del clima espiritual. Se convierten en hacedores de la historia. Dios busca candidatos en esta generación, que se sentarán con Cristo en lugares celestiales y atraerán el destino y el diseño de Dios a la

Tierra. Pasó siempre, en todos los avivamientos históricos. Estoy hablando de personas como Charles Finney y Evan Roberts.

GENTE DE "CIELOS ABIERTOS"

Charles Finney, el evangelista y figura prominente del avivamiento del siglo XIX, caminaba debajo de "cielos abiertos". No sé si las ciudades enteras eran dominadas por el "cielo abierto" de una a la vez o no. Pero esto sé: él llevaba los "cielos abiertos" dondequiera que iba. La unción en su vida era tan fuerte que entraba en una fábrica y antes que pudiera decir una palabra, la gente empezaba a llorar y caían bajo una fuerte convicción de pecado. Hombres, mujeres, varones y niñas se arrepentían de sus pecados y se volvían a Jesús, a izquierda y derecha. Finney tuvo sus críticos, pero también tuvo excelentes resultados. La gente que venía a Finney se posicionaba debajo del "cielo abierto", y muchos, muchos, muchos de ellos fueron cambiados de por vida. Algunos señalan que este fenómeno no es bíblico. Al contrario, es muy bíblico. Se llama "presencia de evangelismo". Es ser un portador de su presencia "infecciosa".

Los métodos cambian, las audiencias cambian, la cultura y moral social cambian, pero la naturaleza humana no. Todos los seres humanos somos iguales, ya que compartimos una naturaleza pecaminosa en común. Por esta razón, el mensaje del evangelio nunca debe cambiar. No importa cómo alteremos nuestro acercamiento o modifiquemos nuestros métodos para alcanzar a la gente para Cristo, la cosa que *nunca* debe cambiar es nuestro *mensaje*. La Palabra de Dios es siempre la misma, es asombrosa y completamente suficiente. No hay verdad más profunda que Jesucristo crucificado, levantado de entre los muertos y que regresará un día para buscar a su novia, la Iglesia. ¡Que lo principal siga siendo lo principal!

Evan Roberts era un joven galés de 26 años cuando los cielos se abrieron sobre él y empezó a caminar bajo una poderosa unción. El gran avivamiento que vino a Gales en los primeros años del siglo XX, no comenzó con un "cielo abierto" sobre una iglesia o una ciudad. Comenzó sobre un hombre joven que fue obediente al llamado de Dios en su vida, y que estaba hambriento porque el Espíritu de Dios se moviera con poder. Con el correr del tiempo, donde sea que Evan iba, los "cielos abiertos" lo seguían.

Sus reuniones no eran las típicas de ese momento. Eran más parecidas a lo que llamaríamos "reuniones de adoración y oración". En un sentido muy real, el avivamiento galés fue de adoración. Las canciones abundaban. Los galeses tienen una tradición rica y abundante en el canto de himnos. Los grandes himnos y otras canciones de adoración crecieron hasta impactar al mundo entero.

La oración intercesora también fue el centro de las reuniones de Roberts. En un servicio típico, él hacía que la primera persona se parara y orara: "Envía al Espíritu Santo, en el nombre de Jesucristo". Esta persona se sentaba y la de al lado se ponía de pie y oraba la misma oración: "Envía al Espíritu ahora, en el nombre de Jesucristo". Roberts iba de una persona a la otra, y todas se ponían de pie y oraban de la misma manera. ¡Aún las personas que nunca habían orado públicamente se paraban y pedían al Señor que enviara su Espíritu!

Si el Espíritu no había manifestado su presencia para el tiempo en que la primera fila había terminado de orar, Roberts seguía con la segunda. Luego de que cada uno oró, si el Espíritu todavía no había venido con convicción, poder y presencia manifiesta –si la gloria de Dios no se había mostrado aún–, Roberts simplemente empezaba de nuevo. En la segunda vuelta, sin embargo, él le daba a la gente una segunda oración. Esta vez, cuando se ponían de pie para orar, él decía: "Envía al Espíritu ahora más poderosamente, en el nombre de Jesucristo".

Era un intento simple pero ungido, y Dios lo respondía de una forma poderosa, porque los cielos estaban abiertos sobre este hombre. Aquellos que se le acercaban, atrapaban las bendiciones. La historia fue cambiada. El clima espiritual se volvió de frío a cálido.

No mucho tiempo antes de que el avivamiento estallara, Evan Roberts pasó varios meses en una escuela bíblica en el norte de Gales, donde oyó a un joven evangelista llamado Seth Joshúa. En un punto, Seth oró: "Señor, doblega la Iglesia para salvar al mundo". Cuando Evan Roberts oyó esa oración, una flecha de Dios le traspasó el corazón y le puso una carga por Gales y por el mundo.

La intimidad con Dios es la clave para los "cielos abiertos". "Señor, ¡doblega la Iglesia! Doblega la Iglesia sobre una región. Doblega la Iglesia para salvar al mundo. ¡Dobléganos Señor!" No podemos permitirnos volvernos resistentes a Dios. Una vez que lo veamos –cuando Él se revele a nosotros–, seremos completamente liberados. ¡Cuando veamos al que está en el extremo de la escalera seremos radicalmente, totalmente entregados a Él! Ese es mi objetivo –verlo, conocerlo, ser como Él– convertirme en una *puerta* para otros.

OMNIPRESENCIA VERSUS PRESENCIA MANIFIESTA

En su libro tan inspirador, *The Secret of the Stairs* ("El secreto de las escaleras"), Wade Taylor identifica las diferencias entre la omnipresencia y la presencia manifiesta del Señor:

Muchas personas no son capaces de diferenciar estos dos aspectos de su presencia. Primero, está su "omnipresencia", la cual llena los cielos y la Tierra, y tiene que ver con nuestra salvación y su obra externa en nuestras vidas. Esto habla de la incondicional *"presencia permanente del Espíritu Santo"* dentro de nosotros. Segundo, está la venida del Señor a nosotros como persona, teniendo intelecto, voluntad y emociones. El Señor está ansioso de venir a nuestra cámara íntima, de *"darse a sí mismo"* a nosotros en comunión, y luego guiarnos hacia arriba, a sus cámaras, donde nosotros *"nos damos a Él"* en la conclusión de sus propósitos. Esto habla de una visitación *"condicional"* del Señor a nosotros, y se la llama *"su presencia manifiesta"*. Este primer aspecto de su presencia es general, y se refiere a su gracia redentora. *"¿No lleno yo, dice Jehová, el cielo y la tierra?"* (Jeremías 23:24b). El segundo aspecto de su presencia es específico y se refiere a su persona (ver Cantar de los Cantares 2:9b). En el evangelio de Juan Jesús expresa las condiciones que le permiten manifestarse personalmente a nosotros: *"El que tiene mis mandamientos, y los guarda, ése es el que me ama; y el que me ama, será amado por mi Padre, y yo le amaré, y me manifestaré a él. Le dijo Judas (no el Iscariote): Señor, ¿cómo es que te manifestarás a nosotros, y no al mundo? Respondió Jesús y le dijo: El que me ama, mi palabra guardará; y mi Padre le amará, y vendremos a él, y haremos morada con él"* (Juan 14:21-23).[36]

A LA EDAD DE SIETE AÑOS

Cuando nuestro hijo mayor, Justin, no tenía siquiera siete años, tuvo un encuentro profundo con Dios. Estaba dormido en la cama de arriba, y su hermano menor, Tyler, de casi tres años de edad, dormía en la cama de abajo. De pronto Justin fue despertado. Sus ojos estaban abiertos en el Espíritu y veía nubes que llenaban el cuarto. El trono de Dios estaba en medio de las nubes y había cuatro criaturas raras alrededor. Una escalera se desplegó desde el cielo y bajó hasta su habitación, y un ángel por vez descendía llevando fuego en sus manos. El ángel soltaba el fuego y luego ascendía nuevamente por la escalera, otros también repetían la acción.

Finalmente, el último ángel descendió al cuarto llevando una carta en su mano. El mensajero celestial depositó la carta en la cómoda y ascendió por las escaleras hasta internarse en las nubes. Justin entonces vio cómo las nubes que envolvían el trono desaparecieron de su vista natural y espiritual. Sin embargo, una cosa permaneció al alcance de su vista. La carta que fue dejada sobre la cómoda para que un niño de siete años la leyera. Él miraba fijamente ese papel del cielo que decía: "Ora por tu papá".

Embajadores angelicales enviaron un mensaje a un niño de siete años invitándolo a participar de los planes de Dios. El cielo quería las oraciones de Justin. El Señor sabía que su papá necesitaba algo de fuerzas, ya que estaba involucrado en un asunto de intercesión de enormes proporciones en otra ciudad. El cielo también estaba esperaba sus oraciones. Las invitaciones todavía son enviadas. ¿Está dispuesto a responder?

UNA PUERTA EN LOS CIELOS

El apóstol Juan recibió una visión de "cielos abiertos" en la cual vio al Señor. Su experiencia llegó casi al final de una vida de fidelidad y servicio obediente a Cristo y a su iglesia. Mire la descripción:

> *Después de esto miré, y he aquí una puerta abierta en el cielo; y la primera voz que oí, como de trompeta, hablando conmigo, dijo: Sube acá, y yo te mostraré las cosas que sucederán después de estas. Y al instante yo estaba en el Espíritu; y he aquí, un trono establecido en el cielo, y en el trono, uno sentado. Y el aspecto del que estaba sentado era semejante a piedra de jaspe y de cornalina; y había alrededor del trono un arco iris, semejante en aspecto a la esmeralda* (Apocalipsis 4:1-3).

Jacob vio al que estaba de pie al final de la escalera; Juan vio al que estaba sentado sobre el trono. Este Juan –el discípulo amado– es el mismo que recostó su cabeza sobre el pecho de Yeshúa el Mesías en la última cena; el que escuchó cada latido del corazón de Dios; el que oyó la respiración del Maestro, en lo natural y en lo espiritual como *pneuma* o viento del Espíritu Santo. Este Juan es conocido como "el discípulo que Jesús amaba". Juan el Amado es el único discípulo que se menciona por su nombre que estaba a los pies de la cruz, luego de que los otros huyeron.

¿Por qué Juan estuvo junto a la cruz? Me pregunto si la intimidad tuvo algo que ver con este soportar y permanecer en medio del dolor. Oír el latido del corazón de Dios "arruinó" a Juan para toda la vida. Nunca pudo volver a ser el mismo, luego de captar el ritmo de ese corazón divino. Desde hacía mucho, el corazón de Juan comenzó a latir en unión con el corazón de Dios mismo, y ahora los dos corazones latían al unísono juntos. Estaban "en acuerdo". Este acuerdo, la unión del Espíritu divino con el ser humano en una vasija de barro, es lo que los viejos escritos de los cristianos místicos llaman: *"La gran unión con Cristo"*.

El rol de la intimidad en los cielos abiertos

Muchos creyentes buscan solo la intimidad, mientras que otros buscan sólo las almas. No se trata de esto o aquello. Hay un puente que une a ambos, una "fuga" entre los "cielos abiertos". Una poderosa visión del Todopoderoso produce una pasión intensa por alcanzar a las almas. La intimidad indefectiblemente conducirá a la evangelización.

ABRA LA PUERTA

En Apocalipsis 4:1, Juan dice: "Después *de esto* miré, y he aquí una puerta abierta en el cielo"(énfasis mío). ¿Después de qué *esto*? Como La Biblia fue dividida en capítulos y versículos mucho después de que fuera escrita, es lógico mirar en el capítulo anterior para ver a qué se refería Juan.

El capitulo primero de Apocalipsis relata la visión inicial de Juan mientras estaba "en el Espíritu" en el día del Señor. Los capítulos segundo y tercero contienen mensajes del Señor a las siete iglesias del Asia Menor: Éfeso, Esmirna, Pérgamo, Tiatira, Sardis, Filadelfia y Laodicea. El mensaje revela la condición espiritual de cada iglesia, buena o mala. Laodicea, la séptima iglesia, fue descrita como *"tibia; ni caliente ni fría"* (Apocalipsis 3:16), y el Señor amenaza con vomitarla de su boca. Sin embargo, solo cinco versículos más adelante, Él da una gloriosa promesa a todos aquellos que escuchan y obedecen:

He aquí, yo estoy a la puerta y llamo; si alguno oye mi voz y abre la puerta, entraré a él, y cenaré con él, y él conmigo (Apocalipsis 3:20).

¿Delante de cuál puerta está parado Jesús? Este es un mensaje profético apostólico, un mensaje celestial para enviar a una iglesia en una ciudad. No es una palabra escrita solo para un individuo. Ciertamente, la invitación que Jesús hace aquí se aplica a individuos, así que es bastante apropiado usar este versículo para evangelismo, como de hecho se hace. No obstante, según el contexto, la palabra es para un grupo, es corporativa. Apocalipsis 3:20 es una palabra apostólica acerca de la voz del Espíritu Santo parado frente a una ciudad. Es una palabra transformadora de ciudades, donde Jesús dice en efecto: "Estoy a la puerta de Laodicea". Muchos estudiosos bíblicos creen que la era presente de la Iglesia es la de era laodiceana, caracterizada ampliamente por las actitudes tibias de las iglesias y los creyentes individuales.

Si queremos puertas y cielos abiertos, entonces tenemos que hacer lo que antecede, lo que viene primero. Si queremos la puerta del cielo abierta, tenemos que abrir primero la puerta que Jesús golpea en la Tierra. Las vasijas de barro deben responder al persistente y amoroso llamado de Dios. Cuando respondemos, Dios responde. La intimidad con Él es la llave que abre la puerta del cielo. Comienza con cada uno de nosotros como individuos; recuerde que un cielo abierto sobre un territorio viene primero sobre una persona. Sin embargo, el objetivo del Señor va más allá, Él desea ciudades y naciones enteras.

Jesús dice: "Yo estoy a la puerta de cada ciudad y llamo. ¿Hay alguien, un Cuerpo de Cristo en esa región que me abra la puerta y me deje entrar?" ¿Son los "porteros" en esta ciudad quienes están tan desesperados que no les importa qué edificio se construye, mientras que sea la casa de Dios?

A veces las verdades simples son pasadas por alto. Usamos este versículo para salvación individual, y está bien. Sin embargo, el contexto indica que es una invitación apostólica para la transformación de ciudades enteras. Jesús está a la puerta de nuestras iglesias y ciudades y golpea. Él es un Dios persistente y amoroso, y continuará llamando. ¿Quién responderá? Si la gente que está detrás de una puerta dice que no, irá a otra, y a otra, y a otra. Seguirá llamando hasta que alguien le abra y lo deje entrar. Él quiere entrar y tener comunión con su pueblo. ¡A menudo lo tratamos como si fuera un invitado! ¡Pero Él es el dueño de casa! Él quiere entrar para tener algo más que un buen servicio, ¡desea habitar entre su pueblo!

Entonces no nos sorprendamos cuando acabe invadiendo un lugar que nadie espera. Algún alma hambrienta detrás de la puerta estará clamando: "Oh Señor, oh Señor, envía tu Espíritu ahora, por Jesucristo. Envía tu Espíritu, Señor, poderosamente, en el nombre de Jesucristo."

Su promesa es para todos: individuos, familias y comunidades. Es una promesa de transformación de ciudades. "Abre la puerta", dice Jesús. "Y yo entraré y cenaré contigo y tú cenarás conmigo." Él dice: "Abre la puerta, y me sentaré a tu mesa y cenaré contigo. No es una visita rápida. Estoy aquí para quedarme".

¿QUÉ OYES?

¿Alguien oye el llamado? Jesús está golpeando insistentemente. Él llega a las ciudades y llama. Muchas de ellas, simplemente dicen: "Ve a otro lugar", y pierden la bendición de su visitación. Él va a la próxima ciudad, y a la próxima, busca personas hambrientas de ser parte de la revolución profética y de una reforma apostólica. Busca "porteros" de su presencia, aquellos profetas y videntes apasionados por Jesús que digan: "¡Oh Jesús, haz lo que quieras hacer y no nos pases por alto!"

El rol de la intimidad en los cielos abiertos

La intimidad es la clave que abre los cielos sobre ciudades enteras. Sucedió antes y puede volver a suceder. Creo firmemente que *sucederá* de nuevo. Jesús no dejó de llamar después de que Apocalipsis 3:20 fue escrito. Ha llamado por más de dos mil años. Y hoy está a la puerta de las ciudades del siglo XXI, y preguntando: "¿Quién responderá?" Estuvo a la puerta de una pequeña nación llamada Gales, y alguien respondió. Estuvo a la puerta de la ciudad cosmopolita de Los Ángeles, y alguien respondió. Estuvo a la puerta de las diminutas islas Hébridas, y alguien respondió. Estuvo a la puerta de Shantung, en China, y alguien respondió. Jesús llama de nuevo, golpea pacientemente. Le hago la pregunta a usted: ¿Cómo le responderá al Hombre que golpea a la puerta de *su* ciudad? "Porque yo estoy a la puerta y llamo. Si alguno... ¿Habrá algún 'portero' que me deje entrar?" ¿Oye usted lo que oigo yo?

¿Qué hará? ¿Ignorará el llamado hasta que Él se vaya? ¿O abrirá la puerta y dirá, como Josué: *"Yo y mi casa serviremos a Jehová"*? "En nombre de la ciudad que representamos, te abrimos la puerta, Señor. Entra, siéntate con nosotros, come con nosotros y ten comunión con nosotros. Que los cielos se abran sobre este lugar, sobre esta casa, sobre esta ciudad, y que la bendición y el poder de nuestro Padre celestial se derrame para bendición del pueblo." ¡Que así sea, Señor!

EL PROPÓSITO DEL VIDENTE

Entonces, ¿cuál es el propósito del vidente? Como todos los verdaderos videntes de antaño, debemos llegar alto. Debemos mirar hacia el cielo. Debemos buscar apasionadamente la invitación de Dios. Juan el Amado lo dijo de este modo, como está escrito en Apocalipsis 1:9-17:

Yo Juan, vuestro hermano, y copartícipe vuestro en la tribulación, en el reino y en la paciencia de Jesucristo, estaba en la isla llamada Patmos, por causa de la palabra de Dios y el testimonio de Jesucristo. Yo estaba en el Espíritu en el día del Señor, y oí detrás de mí una gran voz como de trompeta, que decía: Yo soy el Alfa y la Omega, el primero y el último. Escribe en un libro lo que ves, y envíalo a las siete iglesias que están en Asia: a Efeso, Esmirna, Pérgamo, Tiatira, Sardis, Filadelfia y Laodicea.
Y me volví para ver la voz que hablaba conmigo; y vuelto, vi siete candeleros de oro, y en medio de los siete candeleros, a uno semejante al Hijo del Hombre, vestido de una ropa que llegaba hasta los pies, y ceñido por el pecho con un cinto de oro. Su cabeza y sus cabellos eran blancos como blanca lana, como nieve; sus ojos como llama de fuego;

El vidente

y sus pies semejantes al bronce bruñido, refulgente como en un horno; y su voz como estruendo de muchas aguas. Tenía en su diestra siete estrellas; de su boca salía una espada aguda de dos filos; y su rostro era como el sol cuando resplandece en su fuerza. Cuando le vi, caí como muerto a sus pies (Apocalipsis 1:9-17a).

Si hay videntes verdaderos en la Tierra hoy, y seguramente los hay, entonces debemos tener un enfoque claro. ¡Debemos ver a Jesús! En todo nuestro "ver", seamos como Juan el Amado. Entremos en el Espíritu y soltemos el verdadero espíritu profético que revela el testimonio de Jesús (Apocalipsis 10:19). Él es a quien deseo ver. Él es por quien mi corazón gime y suspira. Él es la meta y el premio de mi vida. ¡Que la llave de la intimidad abra las puertas de nuestros corazones, familias, congregaciones, ciudades y naciones! ¡Que el poder profético de las visiones, los sueños y los cielos abiertos aumente! ¡Porque el objetivo de todo vidente es revelar a Jesucristo a la humanidad!

Referencias

1 Kenneth Hagin, *The Holy Spirit and His Gifts*. (Tulsa, Oklahoma: Faith Library Publications, 1974).

2 Dick Iverson, *The Holy Spirit Today*. (Portland, Oregon: Bible Temple Publications, 1976).

3 Derek Prince, *The Nine Gifts of the Holy Spirit* (series en casetes). (Fort Lauderdale, Florida: Derek Prince Publications, 1971).

4 David Pytches, *Spiritual Gifts in The Local Church*. (Minneápolis, Minnesota: Bethany House Publishers, 1971).

5 Citado en Ern Baxter, *Seminario profético* (notas de enseñanza). (Mobile, Alabama: Integrity Communications, 1984).

6 Michael G. Maudlin, "Seers in The Heartland: Hot on The Trail of The Kansas City Prophets", *Christianity Today*, vol. 35, nro. 1, 14 de enero de 1991.

7 Toda la información en esta sección de Paul Cain y la Fraternidad de Kansas City es relatada por Michael Maudlin, "Seers in The Heartland: Hot on The Trail of The Kansas City Prophets", *Christianity Today*, vol. 35, nro. 1, 14 de enero de 1991.

8 Clifton Fadiman y André Bernard, *Bartlett's Book of Anecdotes*, Edición revisada (Nueva York: Little, Brown y Compañía, 2000), p. 67.

9 Fadiman y Bernard, *Bartlett's Book of Anecdotes*, p. 138.

10 James Strong, *Concordancia exhaustiva de la Biblia* (Peabody, Massachusetts: Hendrickson Publishers, 1988), moved (griego #5342)

11 Mark y Patti Virkler, *Communion with Gods* (Shippensburg, Pennsylvania: Destiny Image Publishers, 2001), p. 77.

12 Mark y Patti Virkler, *Communion with God*, adaptado de un diagrama (p. 78) y de un cuadro titulado "Probando si una imagen es de uno mismo, de Satanás o de Dios" (p. 79). Usado con permiso.

13 David Neff, "Testing The New Prophets", *Christianity Today*, vol. 35, nro. 1, 14 de enero de 1991, p. 4.

14 Derek Prince, *The Nine Gifts of The Holy Spirit* (series de casetes). (Fort Lauderdale, Florida: Derek Prince Publications, 1971).

[15] John Wimber, *Spiritual Gifts Seminar*, vol. 12 (series de casetes). (Anaheim, California: Vineyard Ministries International, 1985).
[16] Dick Iverson, *The Holy Spirit Today*. (Portland, Oregon: Bible temple Publications, 1976).
[17] Kenneth Hagin, *The Holy Spirit and His Gifts*. (Tulsa, Oklahoma: Faith library Publications, 1974).
[18] Francis Frangipane, *Discerning of Spirits*. (Cedar Rapids, Iowa: Arrow Publications, 1991), p. 6.
[21] W. E. Vine, Merril F. Unger, William White, Jr., *Diccionario expositivo completo Vine de palabras del Antiguo y Nuevo Testamento* (Nashville, Tennessee: Thomas Nelson Publishers, 1996), Sección Nuevo Testamento, p. 639.
[22] *Ibid*, p. 24
[23] David Blomgren, *Prophetic Gatherings in The Church: The Laying on of Hands and Prophecy*. (Portland, Oregon: Bible Temple Publications, 1979).
[24] David A. Castro, *Understanding Supernatural Visions According to The Bible*. (Brooklyn: Anointed Publications, 1994).
[25] *Ibíd*, pp. 47-49.
[26] Mahesh Chavda, *Only Love Can Make a Miracle*. (Ann Harbor, Michigan: Servant Publications, 1990), pp. 45-51.
[27] Kenneth E. Hagin, *I Believe in Visions*. (Tulsa, Oklahoma: Harrison House, 1916), pp. 65-66.
[28] María Woodworth-Etter, *Signs and Wonders*. (Tulsa, Oklahoma: Harrison House, 1916), pp. 65-66.
[29] R. Edward Millar, ed., *I Looked and I Saw The Lord*. (East Point, Georgia: Peniel Publications, 1971), pp. 22-23.
[30] Estoy profundamente agradecido a las enseñanzas y el ministerio de Carlton Kenney, un maestro sobresaliente de La Biblia y un misionero estadista que vivió y trabajó en Japón por muchos años.
[31] Shawn Bolz, *The Throne Room Company*. (North Sutton, New Hampshire: Streams Publishing House, 2004), pp. 20-21.
[32] Carlton Kenney, *Standing in The Council of The Lord*. (Hampton: Masterbuilder ministries, 1992).

[33] *Ibid*, p.24
[34] Michal Ann Goll, *A Call to The Secret Place*. (Shippensburg, Pennsylvania: Destiny Image Publishers, 2003), p. 66
[35] Para mayor información del proceso de las tres etapas de oración contemplativa, lea el libro clásico de Richard Foster, Prayer: *Finding The Heart´s True Home*. (San Francisco: Harper San Francisco, 1992).
[36] Wade Taylor, *The Secret of The Stairs*. (Hagerstown, Maryland: McDougal Publishing Company, 1996).

Información

Jim (James) W. Goll es co-fundador de **Encounters Network**, con su esposa Michal Ann. Es el fundador de *Heart of David Correspondence School* y columnista para la revista **Kairos Magazine**. Es miembro del *Harvest Internacional Ministries Apostolic Team* y sirve en numerosos consejos nacionales e internacionales.

Jim produjo varias guías de estudio sobre temas tales como: *Equipando en lo profético, Bosquejos para oración* y *Empoderados para el ministerio.*

Jim y Michal Ann están casados desde hace 28 años. Desde que el Señor los sanó de esterilidad, los Golls tienen cuatro hijos maravillosos. Viven sobre una hermosa colina en Franklin, Tennessee EE.UU.

Para mayor información y contactos:
Encounters Network
P. O. Box 1653
Franklin, TN 37065
Tel.: 1-877-200-1604
www.jimgoll.com
e-mail: encountersnetwork.com

De rodillas sobre las promesas

¿Puede ser usted una Ester, un José, un Daniel o una Débora de nuestros tiempos?

• Para ayudar a dar a luz a las promesas, planes y propósitos de Dios no alcanza con "*pararnos sobre las promesas*", como dice un conocido himno. Debemos aprender a arrodillarnos en oración de intercesión, orando las promesas de Dios de vuelta a Él.

• En estas páginas conocerá usted el corazón de Dios por la oración y lo profético, Su corazón por Su pueblo Israel, cómo elevar un clamor por misericordia, y cómo llamar a la intervención de Dios. Que la intercesión profética le consuma con una visión por cambiar la historia.

Peniel

www.editorialpeniel.com

La Revolución profética que viene

JIM W. GOLL

Un llamado a una intimidad con Dios resuena a través de la Tierra. ¿Está dispuesto a responder?

Este libro desarrolla el lazo entre la intimidad con Dios y la gracia correspondiente de escuchar su voz. Ser una generación profética está menos relacionado con los dones y más con la gente que pasa tiempo con el Señor Jesús, y declara fielmente aquello que ha oído de la boca de Dios.

Peniel

www.editorialpeniel.com

El ARTE PERDIDO de la INTERCESIÓN

Restaurando el poder y la pasión de la vigilia del Señor

"El fuego arderá continuamente en el altar; no se apagará" (Levítico 6:13)

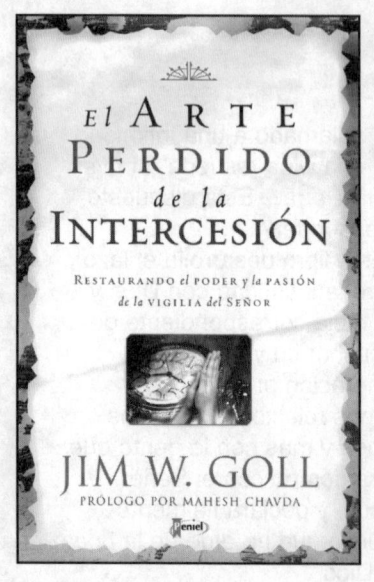

Hace doscientos años este versículo ardió en los corazones de una comunidad de refugiados moravos en la diminuta Herrnhut en el este de Alemania, bajo el Conde von Zinzendorf. Se comprometieron a restaurar esta "Vigilia del Señor" a través de una continua oración e intercesión las 24 horas del día, que se extendió ¡por más de cien años! Dios anhela restaurar el arte perdido de la intercesión, y llama a sus guerreros una vez más a restablecer la "Vigilia del Señor".

Cuando el pueblo de Dios "eleva" el incienso de la oración y la adoración, Dios "derrama" el poder sobrenatural, la unción y actos de intervención.

por Jim W. Goll

Peniel

www.editorialpeniel.com

La revolución de Elías

LOU ENGLE Y JIM GOLL PRESENTAN UNA EMOCIONANTE VISIÓN DE CÓMO ESTA GENERACIÓN PUEDE CRECER ...

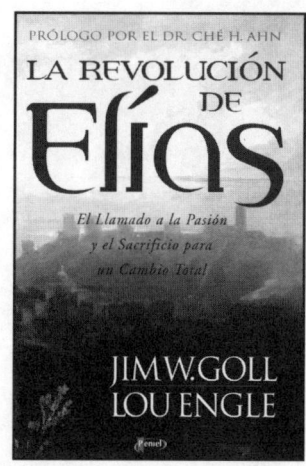

HASTA CONVERTIRSE EN UNA FUERZA IRRESISTIBLE, ENTREGADA A LA VOLUNTAD DE DIOS Y QUE SE NIEGA A CEDER ANTE LA CULTURA DE ESTE MUNDO CAÍDO.

En la actualidad se está produciendo UNA SANTA REVOLUCIÓN de dimensiones sin precedentes. Frente a la cruel corrupción moral y espiritual, miles de creyentes responden al llamado de Dios a una vida santa de total y absoluta entrega a Cristo. En su ardiente pasión por Dios, se yerguen, firmemente, en nombre de Cristo, y se niegan a transigir en su estilo de vida con los valores de una cultura cada vez más secularizada. Encendidos con el ardiente espíritu de Elías y el corazón generoso de Ester, estos revolucionarios de los últimos días buscan nada menos que la completa transformación de la sociedad por medio del avivamiento y el despertar espiritual. ¡Advertencia! Este libro lo desafiará como nunca antes a una vida de santidad y devoción extremas a Cristo. La necesidad es grande, y este es el momento. ¡Venga y únase a la revolución!

Peniel

www.editorialpeniel.com

Esperamos que este libro haya
sido de su agrado.
Para información o comentarios,
escríbanos a la dirección
que aparece debajo.
Muchas gracias.

peniel
Libros para siempre

i n f o @ p e n i e l . c o m
w w w . e d i t o r i a l p e n i e l . c o m